日本語の構造　日本語教育のための 意味体系　世界と日本の社会と文化

コミュニケーションストラテジー　社会言語学

教室・言語環境の設定　異文化理解と心理

日本語教育史　コミュニケーション教育

日本語教育のための 語用論的規範　日本語教育のための 文字と表記

令和**4**年度

日本語教育能力検定試験
試験問題

対照言語学　言語研究

言語の構造　日本語教師の資質・能力

［著作・編集］

評価法

JEES 公益財団法人　日本国際教育支援協会
Japan Educational Exchanges and Services

多文化共生（地域社会における共生）　世界と日本

日本語教育の歴史と現状　言語運用能力

受容・理解能力　教育実習　言語学習

異文化接触　受容・理解能力

日本語教育とICT　談話理解　日本語教育のための 形態・語彙体系

業分析・自己点検能力　コミュニケーション能力

学習ストラテジー

言語習得・発達　にほんごの 凡人社

教材分析・作成・開発

は　じ　め　に

　本協会は、昭和 62 年度から、日本語教育の専門家として必要とされる基礎的・基本的な知識および能力を検定することを目的に、日本語教育能力検定試験を実施し、令和 4 年度で 36 回目を迎えました。

　この間、社会情勢や学習需要の変容に対応するため、出題範囲の改定を行ってきました。平成 15 年度には、当初の、日本語に関する知識、日本語教授法に関する知識を中心とした出題範囲から、言語と社会の関係、さらには日本語学習者を取り巻く社会環境までをも含む幅広いシラバスに改定しています。さらに平成 23 年度からは、平成 15 年度の出題範囲において、どのような学習現場、教育現場においても必須として求められる、いわば日本語教育能力の核をなす知識・能力をより明確に示した出題範囲を以て実施しています。

　令和 4 年度の応募者数は 8,785 名で、本試験に対しては多くの方々より高い関心をいただいております。

　本書が、多くの日本語教師および日本語教師志望者の自己研鑽の一助となり、また日本語教育関係者の参考となれば幸いです。

　本書の構成・内容は次のとおりです。

1．本書は、本冊子とＣＤ 1 枚（試験Ⅱ）から成っています。
2．試験Ⅱについては、実際の試験と同様、シナリオはありません。
3．実際の試験問題と解答用紙はＡ 4 判です。ここに所収の試験問題と解答用紙は、実物より縮小してあります。

令和 5 年 4 月

公益財団法人　日本国際教育支援協会

目　次

令和4年度日本語教育能力検定試験

試験 I　問題冊子　　90分

[注意事項]

1　試験開始の合図があるまで、この問題冊子の中を見てはいけません。

2　この問題冊子は43ページまであります。

3　試験中に、問題冊子の印刷不鮮明、ページの落丁・乱丁および解答用紙の汚れ等に気づいた場合は、手を挙げて監督者に知らせてください。

4　監督者の指示に従って、解答用紙の所定の欄に、氏名および受験番号を正しく記入してください。受験番号は、数字欄に数字を記入し、その下のマーク欄にも必ずマークしてください。正しくマークされていないと、採点できないことがあります。

5　解答は全て解答用紙の解答欄にマークしてください。

　例えば、問題1の(1)に「2」と解答する場合、次の（例）のように問題1の(1)の解答欄の②をマークしてください。

問題番号		解　答　欄				
問題1	(1)	①	●	③	④	⑤
	(2)	①	②	③	④	⑤

（例）

問題冊子に記入しても採点されません。

6　解答用紙の［注意事項］もよく読んでください。

7　この試験 I の問題冊子は、必ず持ち帰ってください。ただし、この冊子の複写・複製、引用等は固く禁じます。

試Ⅰ－2

このページには問題が印刷されていません。

問題１は次のページにあります。

問題１　次の(1)〜(15)について、【　】内に示した観点から見て、他と**性質の異なるもの**を、それぞれ１〜５の中から一つずつ選べ。

(1)　【両唇音】

　　　１　[ŋ]

　　　２　[m]

　　　３　[p]

　　　４　[β]

　　　５　[ɸ]

(2)　【鼻母音】

　　　１　期限

　　　２　金塊

　　　３　三倍

　　　４　親愛

　　　５　進退

(3)　【漢字の読み方】

　　　１　職域

　　　２　職員

　　　３　職業

　　　４　職種

　　　５　職場

(4)　【熟字訓】

　　　１　昨日

　　　２　紅葉

　　　３　手本

　　　４　白髪

　　　５　二十歳

(5) 【謙譲語の種類】

   1 先生のところに伺いました。

   2 先生のご経歴を紹介いたしました。

   3 先生に久しぶりにお目にかかりました。

   4 先生にご挨拶申し上げました。

   5 先生にご著書を拝借しました。

(6) 【非過去形が表す時間的な意味】

   1 時間が<u>ある</u>。

   2 勇気が<u>要る</u>。

   3 スキーが<u>できる</u>。

   4 葉が<u>落ちる</u>。

   5 中国語が<u>分かる</u>。

(7) 【「の」の用法】

   1 商品<u>の</u>時計

   2 科学<u>の</u>本

   3 新製品<u>の</u>企画

   4 授業<u>の</u>ガイダンス

   5 映画<u>の</u>パンフレット

(8) 【「ている」の用法】

   1 着物を着<u>ている</u>人

   2 髪を染め<u>ている</u>人

   3 腕を組ん<u>でいる</u>人

   4 椅子に座っ<u>ている</u>人

   5 会社で働い<u>ている</u>人

(9) 【接尾辞「型」の意味】

1　A型の血液型

2　冬型の気圧配置

3　ハート型のケーキ

4　携帯型のゲーム機

5　都市型の住宅

(10) 【「で」の意味】

1　彼は色鉛筆で作画した。

2　彼女ははだしで完走した。

3　太郎は両手でぶら下がった。

4　花子は携帯電話で会話した。

5　その人は片手で荷物を持った。

(11) 【「やすい」の意味】

1　この問題は解きやすい。

2　私は疲れやすい。

3　精密機器は壊れやすい。

4　彼は約束を忘れやすい。

5　このタイヤは空気が抜けやすい。

(12) 【助動詞の意味】

1　見て見ぬふりをする。

2　美しさに思わず息をのむ。

3　すぐにやらねばならない。

4　知られざる真実を解明する。

5　あらん限りの力を振り絞る。

⒀　【使役文における ヲ格名詞の意味】

　　1　入学式で新入部員を勧誘させた。

　　2　歓迎会でギターを弾かせた。

　　3　教室で反省文を書かせた。

　　4　校庭で太郎を走らせた。

　　5　授業で自分の作文を評価させた。

⒁　【接尾辞の活用】

　　1　山田さんとは、家族ぐるみで付き合っている。

　　2　あまりの景色の美しさに涙ぐんでしまった。

　　3　カメラを向けられ、緊張で手が汗ばんできた。

　　4　麻酔の注射をされ、子どもは痛がって泣いている。

　　5　少しずつ春めいて気温も上がり始めた。

⒂　【引用節の種類】

　　1　彼女は、今すぐ帰ると口走った。

　　2　花子は、信じられないとつぶやいた。

　　3　太郎は、疲れているんだとこぼした。

　　4　その人は、いつか留学すると決心した。

　　5　彼は、一緒に食事をしないかと誘った。

問題2 次の(1)～(5)における【 】内の下線部は学習者による誤用を示す。これと**異なる種類の誤用**を、それぞれ1～4の中から一つずつ選べ。必要に応じて（ ）内に学習者の意図を示す。

(1) 【「必ず来ます。」と言おうとして「かだらず来ます。」と発音する。】
1 「子どもがいます。」と言おうとして「ころもがいます。」と発音する。
2 「2,000円です。」と言おうとして「にせんねんです。」と発音する。
3 「きれいな花です。」と言おうとして「きねいな花です。」と発音する。
4 「辛いものが好きです。」と言おうとして「かだいものが好きです。」と発音する。

(2) 【この機械はぶつけても壊れられません。】
1 逆さまにしても絶対に落ちられません。
2 きちんと置いているので倒れられません。
3 時間に遅れるとバスに乗られません。
4 荷物がいっぱいでかばんに収まれません。

(3) 【試験に合格しないなら、何度も教科書を読みことです。】
1 今日は、病院に行きので、まっすぐ帰ります。
2 家で、はやりの音楽を聞くながら、宿題をしました。
3 明日までに、借りた本を返しなければなりません。
4 楽をしようとして、人の課題を写さないべきです。

(4) 【帰宅すれば、必ずうがいをしなさい。】
1 部屋に入れば、会話をしてはいけません。
2 授業に欠席すれば、事前に連絡してください。
3 北海道へ行けば、早くスキーをしたい。
4 卒業論文を提出すれば、少し休もう。

(5) 【妹は、父にお土産をもらってうれしいです。】

    1 母は、タイ料理を大好きです。

    2 弟は、新しいパソコンを買いたいです。

    3 父は、背中がずきずき痛いです。

    4 兄は、景気が良くなると思います。

問題3　次のＡ～Ｄの文章を読み、⑴～⒇の問いに答えよ。

Ａ　【助詞】

　日本語では、名詞や動詞などの内容語のあとに、助詞や助動詞などの機能語が付く形で文が構成される。助詞は、一般に、格助詞、接続助詞、終助詞、とりたて助詞、　(ア)　助詞などに分類され、多様な機能を持つ。<u>格助詞は、名詞や名詞に準ずるものに付き、文中での格関係を表す</u>。接続助詞は、主に活用する語に付き、継起、原因・理由、条件、<u>逆接</u>などの意味を表す。また、終助詞は文末に使われ、名詞や動詞など様々なものに接続して使用されるが、その接続にはそれぞれ<u>一定の規則</u>がある。その他、複数の語が結合して一つの助詞に準ずる機能を持つようになった<u>複合助詞</u>も多く存在する。

A / B / C / D

⑴　文章中の　(ア)　に入れるのに最も適当なものを、次の１～４の中から一つ選べ。

1　対比

2　転換

3　並列

4　補足

⑵　文章中の下線部Ａの例として**不適当なもの**を、次の１～４の中から一つ選べ。

1　急いで迎え<u>に</u>行く。

2　昔<u>と</u>同じ製法で作っている。

3　夕方になり風<u>も</u>強くなってきた。

4　電子辞書<u>より</u>紙の辞書が好きだ。

⑶　文章中の下線部Ｂ「逆接」を表すことが**できない接続助詞**を、次の１～４の中から一つ選べ。

1　～から

2　～が

3　～ながら

4　～ものの

(4) 文章中の下線部C「一定の規則」に関する記述として最も適当なものを、次の1〜4の中から一つ選べ。

1 「さ」は述語が意向形の文に接続できる。

2 「ぜ」は述語が命令形の文に接続できる。

3 「ぞ」は述語が否定形の文に接続できる。

4 「よね」は疑問詞疑問文に接続できる。

(5) 文章中の下線部D「複合助詞」に関する記述として最も適当なものを、次の1〜4の中から一つ選べ。

1 「〜にとって」は、「その質問は私にとって難しい。」のように、動作や感情の向けられる対象を表すもので、評価を行う人や立場は表せない。

2 「〜にわたって」は、「10時間にわたって通行止めとなった。」のように、時間的に広範囲に及ぶことを表すもので、空間的な範囲は表せない。

3 「〜によって」は、「センサーによって糖度を測定する。」のように、物事の変化に合わせて、それにふさわしく対応するという関係を表す。

4 「〜につれて」は、「春になるにつれて暖かくなる。」のように、ある事態の進展とともに他の事態も進展するという関係を表す。

B 【テ形の作り方と用法】

テ形は、日本語の動詞の活用形の一つである。辞書形からテ形を作る場合、Ⅱグループは、「る」を取って「て」を付ける。Ⅰグループは、動詞の辞書形の最後が「 (ア) 」の場合は「〜って」、「 (イ) 」の場合は「〜んで」、「く」は「〜いて」、「ぐ」は「〜いで」、「す」は「〜して」となる。ただし「 (ウ) 」は例外である。

テ形は主に二つの働きをする。第一に、補助動詞と結びついて複合的な述語を形成する。第二に、並列、継起といった従属節を構成する。従属節が主体の様子を表す用法もある。
A
また、原因・理由を表すと解釈できるのは、 (エ) である。

動詞のテ形は、肯定の場合は形が一つだが、否定の場合は、「〜なくて」と「〜ないで」
B
の二つの形がある。

(6) 文章中の (ア) と (イ) に入れるのに最も適当な組合せを、次の1〜4の中から一つ選べ。

	(ア)	(イ)
1	う・つ・る	ぬ・ぶ・む
2	う・つ・る	ぬ・ふ・ぶ
3	つ・む・る	う・ぬ・ぶ
4	つ・む・る	ぬ・ふ・ぶ

(7) 文章中の (ウ) に入れるのに最も適当なものを、次の1〜4の中から一つ選べ。

1 行く

2 行く・歩く

3 着る

4 着る・ある

(8) 文章中の下線部Ａ「従属節が主体の様子を表す用法」の例として最も適当なものを、次の１〜４の中から一つ選べ。

1 私は、下山して祖父の所有する旅館に泊まった。

2 私は、荷物を背負って祖母と山道を登った。

3 私は、約束の時間に遅れて父に叱られた。

4 私は、合格の知らせを聞いて安心した。

(9) 文章中の ［エ］ に入れるのに最も適当なものを、次の１〜４の中から一つ選べ。

1 従属節と主節の行為の主体がどちらも人の場合

2 従属節の出来事が第三者の意志的行為の場合

3 従属節か主節のどちらか、または両方が無意志的な出来事の場合

4 従属節か主節のどちらか、または両方が過去の出来事の場合

(10) 文章中の下線部Ｂに関する記述として最も適当なものを、次の１〜４の中から一つ選べ。

1 原因・理由を表す場合は、「〜ないで」が使われる。

2 主体の様子を表す場合は、「〜ないで」が使われる。

3 「〜ないで」は、イ形容詞とナ形容詞どちらにも接続できる。

4 「〜ないで」は、「名詞＋だ」に接続できる。

C 【疑問文】

　日本語の疑問文は、複数の観点から分類できる。まず、述語の肯定・否定により、肯定疑問文と<u>否定疑問文</u>に分けられる。また、文中の何が不明であるかという観点から、真偽

　日本語の疑問文は、複数の観点から分類できる。まず、述語の肯定・否定により、肯定疑問文と<u>否定疑問文</u>に分けられる。また、文中の何が不明であるかという観点から、真偽疑問文と疑問詞疑問文に分けられる。真偽疑問文において、応答の際に「はい、そうです。」「いいえ、そうではありません。」を使えるのは基本的には　(ア)　と、「のか」の付いた疑問文である。一方の疑問詞疑問文は、不明な情報を疑問詞で尋ねる疑問文である。疑問詞には、<u>限られたものの中から不特定のものを指示するもの</u>と、範囲を限定せず不特定のものを指示するものがある。そのほかにも、<u>疑問文の作り方</u>には様々な方法がある。

　典型的な疑問文には、①話し手に不明な情報があるために判断が成り立たない、②聞き手に問いかけることによって疑問の解消を目指すという二つの基本的な性質がある。①を持たず、②の特徴のみを持つ疑問文は「<u>確認要求</u>」と呼ばれる。

⑾　文章中の下線部A「否定疑問文」の例として最も適当なものを、次の1～4の中から一つ選べ。

1　荷物に危険物は入っていませんか？

2　そこに立たないでもらえますか？

3　その漫画、つまらない？

4　一人で行くのは、無理？

⑿　文章中の　(ア)　に入れるのに最も適当なものを、次の1～4の中から一つ選べ。

1　イ形容詞述語文

2　ナ形容詞述語文

3　名詞述語文

4　動詞述語文

⒀　文章中の下線部Bの例として最も適当なものを、次の1～4の中から一つ選べ。

1　いつ

2　どこ

3　なに

4　どれ

⒁ 文章中の下線部C「疑問文の作り方」に関する記述として**不適当なもの**を、次の1～4の中から一つ選べ。

1 普通体のイ形容詞述語文は、文末イントネーションを上昇調にする。

2 普通体のナ形容詞述語文は、「だ」を取って文末イントネーションを上昇調にする。

3 普通体の動詞述語文では、文末の動詞のアクセントを変える。

4 文末の「です・ます」には、述語の品詞にかかわらず後ろに「か」を付ける。

⒂ 文章中の下線部D「確認要求」の例として最も適当なものを、次の1～4の中から一つ選べ。

1 あの、失礼ですが、田中さんでしょうか？

2 寒いでしょう？ 暖房を入れようよ。

3 退職した鈴木さん、元気かしら？

4 今、忙しいかな？ 暇だったら頼みがあるんだけど。

D 【スコープ】

　ある要素が作用を及ぼす範囲を「スコープ（作用域）」と呼ぶ。否定のスコープは、しばしば数量表現との関係で問題にされ、意味的に否定を受ける部分は　(ア)　と呼ばれる。例えば、「講演会には50人も参加していない。」という文は、「講演会に50人参加していない」という解釈（欠席者50人）と「講演会に参加している人は50人に達していない」という解釈（参加者50人未満）があり得る。
A

　スコープは、否定述部と呼応する副詞の解釈にも用いられる。また、否定述部との呼応
B
は、一部のとりたて助詞にも認められる。加えて、とりたて助詞は、肯定・否定に限らず
C　　　　　　　　　　　　　　　　　　　D
述部との呼応関係に複雑な制約を持っている。

(16)　文章中の　(ア)　に入れるのに最も適当なものを、次の1～4の中から一つ選べ。

1　フォーカス

2　ストレス

3　プロソディー

4　プロミネンス

(17)　文章中の下線部A「「講演会に50人参加していない」という解釈（欠席者50人）」において意味的に否定されているのはどれか。最も適当なものを、次の1～4の中から一つ選べ。

1　「講演会に」

2　「50人」

3　「参加している」

4　「50人も参加している」

(18)　文章中の下線部B「否定述部と呼応する副詞」の例として最も適当なものを、次の1～4の中から一つ選べ。

1　息子はいまだに働かない。

2　あいつはろくに笑わない。

3　彼女は本当にしゃべらない。

4　私はまだ寝たくない。

⒆ 文章中の下線部C「一部のとりたて助詞」に関して、否定述部と呼応するとりたて助詞として最も適当なものを、次の1～4の中から一つ選べ。

　1　しか

　2　しか、さえ

　3　すら

　4　すら、さえ

⒇ 文章中の下線部Dに関する記述として最も適当なものを、次の1～4の中から一つ選べ。

　1　限定を表す「ばかり」は、禁止を表す述部とは共起しにくい。

　2　評価を表す「なんか」は、否定を表す述部とは共起しにくい。

　3　極限を表す「まで」は、非過去を表す平叙文の述部とは共起しにくい。

　4　例示を表す「でも」は、過去を表す平叙文の述部とは共起しにくい。

問題4　次の文章を読み、下の問い（問1〜5）に答えよ。

　教育活動を効果的に運営・実施するためには、コース全体の評価が欠かせない。コースの途中や終了時に、<u>コース設計</u>や教室活動・運営が適切であったかどうかを様々な観点から点検し、コース全体の改善を図る必要がある。
　　　　　　A

　通常、コースでは、<u>到達度テスト</u>等の結果を用いて学習者の評価を行う。その結果を平
　　　　　　　　　　B
均値や<u>標準偏差</u>を用いるなどして詳細に分析することで、カリキュラムデザインやシラバ
　　　　C
スデザインが適切であったかどうかが確認できる。コース終了時に学習者アンケートやインタビュー、<u>潜在的カリキュラム（隠れたカリキュラム）</u>についての調査も行うと、より
　　　　　　　D
全体的な状況把握ができる。また、<u>各授業の教案</u>や授業日誌があると具体的に改善点を考
　　　　　　　　　　　　　　　E
えやすくなる。

問1　文章中の下線部A「コース設計」の一連の流れとして最も適当なものを、次の1〜4の中から一つ選べ。

1　ニーズ・レディネス調査 → 目標言語調査 → シラバスデザイン → 到達目標の設定

2　ニーズ・レディネス調査 → 目標言語調査 → 到達目標の設定 → シラバスデザイン

3　目標言語調査 → 到達目標の設定 → シラバスデザイン → ニーズ・レディネス調査

4　目標言語調査 → 到達目標の設定 → ニーズ・レディネス調査 → シラバスデザイン

問2　文章中の下線部B「到達度テスト」の説明として最も適当なものを、次の1〜4の中から一つ選べ。

1　授業内容にとらわれず、その時点の学習者の日本語力を測定する。

2　クラス分けを検討するために、技能別に日本語力を測定する。

3　第二言語学習に対して、どの程度適性を備えているかを測定する。

4　一定期間に学習した内容を、どの程度習得したかを測定する。

問3　文章中の下線部C「標準偏差」に関する記述として最も適当なものを、次の1～4
の中から一つ選べ。

　　1　学習者集団における平均点からの得点の散らばり具合が分かる。

　　2　学習者集団の得点を順番に並べたとき、中央にくる得点が分かる。

　　3　学習者集団における学習者の能力の違いをどの程度見分けられているかが分かる。

　　4　学習者集団にとって、どの程度の難易度だったかが分かる。

問4　文章中の下線部D「潜在的カリキュラム（隠れたカリキュラム）」に含まれるもの
として最も適当なものを、次の1～4の中から一つ選べ。

　　1　時間の制約で授業中にできなかった学習活動

　　2　到達目標を細分化した各授業の学習目標

　　3　教育機関が有する価値観や社会的風土

　　4　教師が使用する教授法やドリル

問5　文章中の下線部E「各授業の教案」を作成する際の留意点として**不適当なもの**を、
次の1～4の中から一つ選べ。

　　1　すぐに該当ページが分かるよう、使用する教材のページ番号を書いておく。

　　2　授業が時間内に終わるよう、活動にかかる時間や時間経過を書いておく。

　　3　各教室活動をスムーズに行えるよう、活動形態と学習者の配置を記述しておく。

　　4　学習者の能力差に対応できるよう、目標は抽象的な表現で記述しておく。

問題 5　次の文章を読み、下の問い（問 1 〜 5 ）に答えよ。

　大学や大学院に在籍する学習者は、アカデミック・ジャパニーズを学ぶ必要がある。四技能の連携を意識したアカデミック・ジャパニーズの授業では、例えば、あるテーマについて、まずディベートを通して考えを深め、そのあとでレポートや論文にまとめるという
<u>A</u>
流れが考えられる。

　説得力のあるレポートや論文を書くためには、論理関係を示す表現を適切に使う能力や専門用語を分かりやすい表現で説明する能力が求められる。用いる表現のコロケーション
<u>B</u>　　　　　　　　　　　　　　　　　　　　　　　　　　　　　　　　　　　　<u>C</u>
（表現の組合せ）にも注意しなければならない。また、パラグラフを構成する中心文と
　(ア)　にも留意する。

　評価の段階では、教師は学習目的に応じて適切な文章評価の方法を選択する必要がある。
　　　　　　　　　　　　　　　　　　　　　　　　　　　　<u>D</u>

問 1　文章中の下線部A「ディベート」の実施における留意点として最も適当なものを、次の 1 〜 4 の中から一つ選べ。

　　1　直感で決めた自分の立場を最後まで保持する。

　　2　中立で客観的な立場から意見を述べる。

　　3　テーマによっては勝敗の判定は不要である。

　　4　一つのテーマでは一つの争点を扱う。

問 2　文章中の下線部Bのように、言葉の意味を説明するために用いられる言語のことを何と言うか。最も適当なものを、次の 1 〜 4 の中から一つ選べ。

　　1　対象言語

　　2　照会言語

　　3　パラ言語

　　4　メタ言語

問3 文章中の下線部C「コロケーション」の**誤用例**として最も適当なものを、次の1～4の中から一つ選べ。

1 近年、健康のために、<u>登山に関心する</u>人が増加している。

2 <u>未来</u>、宇宙工学の大きな発展に寄与する<u>であろう</u>実験結果が得られた。

3 勤務先から<u>許可を聞く</u>ことなく、在宅業務を行うのは禁じられている。

4 遺跡から、<u>過去</u>に大きな戦いがあったことが<u>了解</u>できる。

問4 文章中の ［ (ア) ］ に入れるのに最も適当なものを、次の1～4の中から一つ選べ。

1 支持文

2 有題文

3 遂行文

4 現象文

問5 文章中の下線部D「文章評価の方法」として**不適当なもの**を、次の1～4の中から一つ選べ。

1 文法、構成などの観点を設ける方法では、その観点ごとに別々に評価する。

2 誤りの数によって減点する方法では、誤りの種類により配点を変えて評価する。

3 達成度の評価では、学習者の産出を見てから評価基準を決めて評価する。

4 5段階、10段階などの単一尺度の評価では、複数の採点者で評価する。

問題6 次の文章を読み、下の問い（問1～5）に答えよ。

　「ヨーロッパ言語共通参照枠（CEFR）」の考え方を基礎に、国際交流基金が開発した「JF日本語教育スタンダード（JFスタンダード）」が注目されている。JFスタンダードは「相互理解のための日本語」を理念としている。この理念を達成するためには、「課題遂行
<u>　　　　　　　　　　</u>
A
能力」と「　(ア)　」の二つが必要であるとされている。そして、「課題遂行能力」の向上を目指した教育実践を行いやすくするために、コミュニケーション言語能力と<u>コミュニ</u>
<u>ケーション言語活動</u>の関係を示している。
B

　JFスタンダードでは、独自に作成した能力記述文「<u>JF Can-do</u>」で日本語の熟達度が示
　　　　　　　　　　　　　　　　　　　　　　　　　C
されている。また、JFスタンダードに準拠したコースブックとして『まるごと　日本のことばと文化』や『<u>いろどり　生活の日本語</u>』が開発されている。
　　　　　　　　　　　D

問1　文章中の下線部A「相互理解のための日本語」に関する記述として最も適当なものを、次の1～4の中から一つ選べ。

1　「相互理解のための日本語」には母語話者と非母語話者のコミュニケーションが含まれ、母語話者の日本語を理想的なモデルとしている。

2　「相互理解のための日本語」では、コミュニケーション上の課題を遂行する状況や場面で日本語を使用することが必須とされている。

3　「相互理解のための日本語」によるコミュニケーションとは、発信者と受信者がある領域や場で特定の課題を共同で遂行することだと捉えられている。

4　「相互理解のための日本語」を用いて人々が共に生きていくためには、日本語に関する知識の量と質が最も重要であると考えられている。

問2　文章中の　(ア)　に入れるのに最も適当なものを、次の1～4の中から一つ選べ。

1　基本的対人伝達能力

2　異文化理解能力

3　意味形成能力

4　弁別的言語能力

問3　文章中の下線部B「コミュニケーション言語活動」に**含まれないもの**を、次の1～4の中から一つ選べ。

1　受容

2　産出

3　**翻訳**

4　やり取り

問4　文章中の下線部C「JF Can-do」に関する記述として最も適当なものを、次の1～4の中から一つ選べ。

1　具体的な言語活動を例示しないことで普遍性が確保され、様々な活動に応用できる。

2　言語能力と言語活動を網羅的に示しており、学習成果の評価を行うことができる。

3　文型や文法、単語や漢字をどの程度知っているかという観点から熟達度が分かる。

4　現在の能力を把握し、今後の学習目標を立てるのに役立てることができる。

問5　文章中の下線部D「いろどり　生活の日本語」の特徴として最も適当なものを、次の1～4の中から一つ選べ。

1　就労場面における到達目標を明示し、職場でよく見る漢字や語彙を段階的に場面と関連づけて学ぶことを目的としている。

2　日本に住み始めたばかりの日本語未習者を対象に、基礎的な日本語の表現や言葉を覚えることを目的としている。

3　日本語の基本構造と日本人のビジネスでのコミュニケーションパターンを理解しながら、実用的な会話の学習ができる。

4　日本で生活や仕事をする際に必要となる、基礎的な日本語のコミュニケーション力を身につけることができる。

問題7 次の文章を読み、下の問い（問1〜5）に答えよ。

　　日本語学習者の多様化が進んでいる。それに伴い、教育現場では<u>学習者オートノミー</u>が
<u>　　　　　　　　　　　　　　　　　　　　　　　　　　　　　　　　　　　　　A</u>
注目されるようになった。学習者オートノミーによる学習は、教師の指導を受けずにテキ
ストなどで学習する　(ア)　とは異なるものである。具体的な実践としては、<u>学習者が目</u>
　　　　　　　　　　　　　　　　　　　　　　　　　　　　　　　　　　　<u>　　　　　　B</u>
<u>標設定、計画、実行、評価というサイクルを繰り返す</u>。このうち、評価の方法としては、
学習者自身が<u>学習日誌</u>をつけることなどがある。今後は<u>学習者オートノミーを育てるため</u>
　　　　　　　<u>　C　</u>　　　　　　　　　　　　　　　　　<u>　　　　　　　　　　　　　D</u>
<u>に、教師は様々な工夫を行う</u>ことが重要である。

問1　文章中の下線部A「学習者オートノミー」の説明として最も適当なものを、次の
　　　1〜4の中から一つ選べ。
　　　1　学習ストラテジーの訓練で身につく能力
　　　2　標準化された授業を通じて得られる能力
　　　3　他者から自立して独力で行動できる能力
　　　4　学習者が自分自身の学習を管理する能力

問2　文章中の　(ア)　に入れるのに最も適当なものを、次の1〜4の中から一つ選べ。
　　　1　演習
　　　2　独習
　　　3　探求学習
　　　4　暗示的学習

問3　文章中の下線部Bを行うために必要な能力として最も適当なものを、次の1〜4の
　　　中から一つ選べ。
　　　1　コミュニケーション能力
　　　2　バリエーション能力
　　　3　学習言語能力
　　　4　メタ認知能力

問4　文章中の下線部Ｃ「学習日誌」に関する記述として最も適当なものを、次の1〜4の中から一つ選べ。

　　1　教師から毎日フィードバックを受けなければならない。

　　2　学習のことだけでなく日常生活のことも書かなければならない。

　　3　自分の学習の問題点を探り改善することを目的とするものである。

　　4　日本語で書く力を確認するために日本語で書くものである。

問5　文章中の下線部Ｄの方法として**不適当なもの**を、次の1〜4の中から一つ選べ。

　　1　習得順序に沿った学習項目の配列で、最初から順に教えられるような教材を作る。

　　2　学習者が必要なときに資料や教材にアクセスできるような教室環境を作る。

　　3　クラスの学習者同士で安心して話ができるような雰囲気を作る。

　　4　学習者と地域の人々とのネットワークが形成できるような機会を作る。

問題8 次の文章を読み、下の問い（問1〜5）に答えよ。

　異文化との接触においては様々な心理的問題が生じる。例えば、留学などで異文化環境へ移動した際には<u>カルチャー・ショック</u>を受けることがある。ベリー（J. W. Berry）は異
A
文化に接した際の文化受容態度を「統合」「同化」「<u>分離</u>」「周辺化」の四つのタイプに類
B
型化し、理論的な枠組みを示した。この文化受容態度は　(ア)　とも関わりが深い。

　異文化環境で円滑な人間関係を作るために、ホール（E. Hall）は<u>コンテクストの概念</u>が
C
重要だと述べている。また、異文化環境において場面に応じた適切な行動をとるために
は、<u>自己効力感</u>を高めることが有効である。
D

問1　文章中の下線部A「カルチャー・ショック」に関する記述として最も適当なものを、
　　　　次の1〜4の中から一つ選べ。
　　　1　異文化への拒絶反応で、内容や程度に当事者の立場による差はない。
　　　2　異文化に対する期待が大きい人ほど、ショックを受けにくい。
　　　3　自己への気づきと異文化への理解を深めることができる機会となる。
　　　4　自文化中心的で異文化を受け入れようとしない人ほど、ショックを受けやすい。

問2　文章中の下線部B「分離」の態度の例として最も適当なものを、次の1〜4の中から
　　　　一つ選べ。
　　　1　滞在国の人は大切だと思わないが、自分の国から来た人は大切だ。
　　　2　滞在国の人と親しくなりたいが、自分の国から来た人とは距離を置きたい。
　　　3　自分の国から来た人とも、滞在国の人とも、親しくすることは重要だ。
　　　4　自分の国から来た人にも、滞在国の人にも、心を開くのは難しい。

問3　文章中の　(ア)　に入れるのに最も適当なものを、次の1〜4の中から一つ選べ。
　　　1　アイデンティティ
　　　2　アフォーダンス
　　　3　エンパシー
　　　4　コーピング

問4 文章中の下線部C「コンテクストの概念」に関する記述として最も適当なものを、次の1〜4の中から一つ選べ。

1 低コンテクスト文化では、問題が生じた際に直接的な対立になりにくい。

2 低コンテクスト文化では、言われたことを文字どおりに解釈する傾向が強い。

3 高コンテクスト文化では、個人は他者から独立した存在だと捉えられやすい。

4 高コンテクスト文化では、自分の意思を明確に言語化して表現する傾向が強い。

問5 文章中の下線部D「自己効力感」の説明として最も適当なものを、次の1〜4の中から一つ選べ。

1 あるがままの自分を受け入れること

2 自らの行動を自らの意思で決定すること

3 思い描く自己像に現実の自分を近づけること

4 あることが自分には必ずできると考えること

問題9 次の文章を読み、下の問い（問1〜5）に答えよ。

　文章や談話を理解するために、脳内では複雑な処理が行われている。例えば、語彙処理や意味処理などが行われ、<u>既有の知識</u>が統合される。その過程においては、予測や<u>推論</u>が重要な役割を果たしている。また、これらの処理には<u>認知資源</u>が関わっている。認知資源
_Aの量は、リーディングスパンテストや<u>リスニングスパンテスト</u>などで測ることができる。

　音声理解の過程では、知覚の段階で音韻表象が形成される。一般的に、<u>カクテルパーティー効果</u>がよく知られ、私たちは日常的に体験している。

問1　文章中の下線部A「既有の知識」のうち、「形式スキーマ」の説明として最も適当なものを、次の1〜4の中から一つ選べ。

1　言語の背景にある社会文化的な知識

2　言語に対する感覚的で直観的な知識

3　身振りや絵で説明可能な物事についての知識

4　修辞や文章の構造についての知識

問2　文章中の下線部D「推論」の一種である「橋渡し推論」の例として最も適当なものを、次の1〜4の中から一つ選べ。

1　「手の引っかき傷が痛む。猫は走って逃げていった。」という文から、猫に手を引っかかれたと推論する。

2　「その日の朝は駅まで歩いた。20分ほどで着いた。」という文から、天気のいい日だと推論する。

3　「バッターが打ち上げた。打球はこちらに飛んできた。」という文から、その後の展開を推論する。

4　「背後から女性に声をかけられた。知らない女性だった。」という文から、女性が何と言ったか推論する。

問3　文章中の下線部C「認知資源」の説明として最も適当なものを、次の1～4の中から一つ選べ。

1　ある一時期に起こった個人の出来事に関する記憶のこと

2　情報を処理するために消費される心的なエネルギーのこと

3　ある語に関して個人の頭の中に想定されている知識の総体のこと

4　目や耳などから受けた情報の一部を一時的に保管できる容量のこと

問4　文章中の下線部D「リスニングスパンテスト」の方法として最も適当なものを、次の1～4の中から一つ選べ。

1　句や文を聞いてから、聞き取った音声をそのまま書き取る。

2　短い文章を聞きながら単語をメモし、文章を復元する。

3　聞こえてくる文の内容を正誤判断しながら、文末の単語を覚える。

4　句や文を黙読しながら意味を理解し、記憶を頼りに声に出して言う。

問5　文章中の下線部E「カクテルパーティー効果」に関する記述として最も適当なものを、次の1～4の中から一つ選べ。

1　視覚から受けた情報が音声の知覚を補っている。

2　聴覚からの刺激に対して選択的に注意が働いている。

3　聞き取れなかった一部の音を補って知覚している。

4　先に受けた音声刺激が後の音声理解に影響している。

問題10　次の文章を読み、下の問い（問1〜5）に答えよ。

　第二言語習得の分野では、習得を促進する要因についての研究が行われてきた。その要因の一つにインプットがあり、インプットを重視したナチュラル・アプローチは、　(ア)　を基盤としたものである。

　インプットの重要性は研究によって捉え方が異なるものの、言語の習得にはインプットがインテイクになる必要がある、という点は共通している。さらに、ティーチャー・トーク
A　　　　　　　　　　　　　　　　　　　　　　　　　　　　　　　　　　　　　B
などによるインプットが学習者の理解を助けるとの報告もある。また、インプットのほか
　　　　　　　　　　　　　　　　　　　　　　　　　　　　　　　　　　　C
にアウトプットや他の要素も注目されている。例えば、アウトプット仮説やインターアク
　　　　　　　　　　　　　　　　　　　　　　　　　　D
ション仮説などである。

問1　文章中の　(ア)　に入れるのに最も適当なものを、次の1〜4の中から一つ選べ。

1　文化変容モデル

2　モニターモデル

3　処理可能性理論

4　アコモデーション理論

問2　文章中の下線部A「インテイク」の説明として最も適当なものを、次の1〜4の中から一つ選べ。

1　まとまって記憶された言語表現のかたまり

2　一度取り込まれたら安定的に持続する記憶

3　学習者が注意を向けて頭の中に取り込んだもの

4　学習者が誤りに気づいて修正した発話

問3　文章中の下線部B「ティーチャー・トーク」の特徴として最も適当なものを、次の1〜4の中から一つ選べ。

1　自身の発話を繰り返す傾向がある。

2　平叙文より質問文を使う傾向がある。

3　従属節を多用する傾向がある。

4　ポーズが少ない傾向がある。

問4　文章中の下線部Cの理由として最も適当なものを、次の1〜4の中から一つ選べ。

　　　1　インプットだけでは、文法的な正確さが身につきにくいから

　　　2　インプットだけでは、発話の流暢さが身につきにくいから

　　　3　インプットだけでは、リスニング能力が身につきにくいから

　　　4　インプットだけでは、コミュニケーション能力が身につきにくいから

問5　文章中の下線部D「アウトプット仮説」の考え方として**不適当なもの**を、次の1〜4の中から一つ選べ。

　　　1　発話の産出によって目標言語の特徴が意識的に分析でき、習得が促進される。

　　　2　発話の産出を通じて言いたいことが言えないことに気づき、習得が促進される。

　　　3　声に出して発話を産出する行為そのものによって、習得が促進される。

　　　4　誤りの訂正を受けて発話を産出し直すことによって、習得が促進される。

問題11 次の文章を読み、下の問い（問1〜5）に答えよ。

　言語は常に変化しており、日本語も例外ではない。例えば、近年<u>ガ行鼻濁音</u>が急速に失
_A
われてきた。日本語の変化を長期的に見ると、過去にはさらに大きな<u>音韻変化</u>が起こって
_B
おり、その痕跡は現在の仮名表記と音韻とのずれにも認められる。言語変化は音韻だけで
なく文法にも見られ、<u>ら抜き言葉</u>、さ入れ言葉などが浸透してきている。さらに、<u>敬語に</u>
_C　　　　　　　　　　　　　　　　　　　　　　　　　　　　　　　　_D
<u>も変化が起こっている</u>。また、<u>方言周圏論</u>では、言葉の地理的分布に言語変化の歴史が現
　　　　　　　　　　　　　　　_E
れることが指摘されている。

問1　文章中の下線部A「ガ行鼻濁音」に関する記述として最も適当なものを、次の1〜4
の中から一つ選べ。

1　現在も世代を問わず規範的な発音だと認識されている。

2　国内では既に使用される地域がなくなっている。

3　語末または単独で用いる［N］で表される音である。

4　共通語で語頭以外のガ行音に現れることがある。

問2　文章中の下線部B「音韻変化」に関する記述として**不適当なもの**を、次の1〜4の
中から一つ選べ。

1　タ行音は子音が全て/t/であったが、現在は「チ」と「ツ」は音が変化し異なる
子音になった。

2　ハ行音は子音が全て/ç/であったが、現在は「ヒ」以外の「ハ・フ・ヘ・ホ」は
音が変化し異なる子音になった。

3　「ヂ」と「ジ」は異なる音/dʒi/と/ʒi/であったが、現在は同一の音に統合され、
区別がなくなった。

4　「ヲ」と「オ」は異なる音/wo/と/o/であったが、現在は同一の音に統合され、
/wo/の音が使用されなくなった。

問3 文章中の下線部C「ら抜き言葉」に関する記述として最も適当なものを、次の1〜4の中から一つ選べ。

1 一段活用動詞とカ行変格活用動詞における可能動詞化と捉えられる。

2 五段活用動詞とサ行変格活用動詞における可能動詞化と捉えられる。

3 「られる」の四つの用法のうち、「自発」の用法に起きている。

4 「られる」の四つの用法のうち、「尊敬」の用法に起きている。

問4 文章中の下線部Dに関する記述として最も適当なものを、次の1〜4の中から一つ選べ。

1 現在は、言葉遣いから職業が分かるなど、職業による敬語使用の違いが顕著になっている。

2 現在は、本来は二重敬語である「お伺いする」「お見えになる」が、習慣として定着している。

3 現在は、許可求めの「〜させていただく」が広く使われるようになり、尊敬語として普及している。

4 現在は、敬語の使い分けの基準が、相手との心理的距離から相手の社会的立場に移行してきている。

問5 文章中の下線部E「方言周圏論」の説明として最も適当なものを、次の1〜4の中から一つ選べ。

1 方言の体系が東西で分かれ、それぞれの中心地から近い位置により新しい語形、遠い位置により古い語形が残っているという論

2 方言の体系が東西で分かれ、それぞれの中心地から円を描いて方言区画が形成され、東西で類似の文法体系が見られるという論

3 文化の中心地から波紋が広がるように、近い位置により新しい語形、遠い位置により古い語形が残っているという論

4 文化の中心地から波紋が広がるように、円を描いて方言区画が形成され、区画内で類似の文法体系が見られるという論

問題12 次の文章を読み、下の問い（問1～5）に答えよ。

　言語使用の捉え方には様々な立場がある。例えば、人類学者のマリノフスキー（B. Malinowski）は、言葉を使うことは　(ア)　であり、意味は　(イ)　において解釈されると主張した。

　この主張を受け、ハイムズ（D. Hymes）は、文化人類学の立場から<u>コミュニケーションの仕組み</u>を明らかにしようとした。その中でコミュニケーションにおけるスピーチ・イベントを分析し、その構成要素として、<u>場面状況、媒体、調子</u>などを提案した。スピーチ・イベントには、<u>ナラティブ</u>も含まれる。
　　　A　　　　　　　　　　　　　　　　　　B　　　　　　　　　　　　　C

　このような流れを受けて、カナル＆スウェイン（M. Canale & M. Swain）はコミュニケーションに必要な<u>社会言語能力</u>を提示し、言語教育で重視されるようになった。
　　　　　　　　　　　　　　D

問1 文章中の　(ア)　と　(イ)　に入れるのに最も適当な組合せを、次の1～4の中から一つ選べ。

	(ア)	(イ)
1	生成	文法
2	表層化	文法
3	行為	コンテクスト
4	反復	コンテクスト

問2 文章中の下線部A「コミュニケーションの仕組み」に関して、ハイムズの考え方として最も適当なものを、次の1～4の中から一つ選べ。

1　コミュニケーションは話者が持つ統語に関する言語知識によって行われる。
2　コミュニケーションは場に適した話し方をする伝達能力によって行われる。
3　コミュニケーションは個別状況に制限されない普遍的な規則に基づいて行われる。
4　コミュニケーションは習得の段階に応じて変化する言語体系に基づいて行われる。

問3　文章中の下線部B「場面状況、媒体、調子」の三つが明示されている記述はどれか。
最も適当なものを、次の1〜4の中から一つ選べ。

　1　情報を伝えるために、丁寧体で正しい文法を用いる。

　2　教師が教室を巡回し、学生に明るく話しかける。

　3　二人で、しみじみと将来について語り合う。

　4　電話で、順調に進んでいることを頻繁に伝える。

問4　文章中の下線部C「ナラティブ」の説明として最も適当なものを、次の1〜4の中
から一つ選べ。

　1　時系列に沿った出来事の語り

　2　露骨さを和らげる言い回し

　3　何が禁忌事項であるかの判断

　4　人と人が取る空間的距離

問5　文章中の下線部D「社会言語能力」の説明として最も適当なものを、次の1〜4の
中から一つ選べ。

　1　音韻や統語などの言語体系を習得し、それによって言語を運用する能力

　2　談話全体の一貫性や結束性を理解し、適切に言語を使用する能力

　3　会話に問題が生じたとき、会話相手に適切な援助を求める能力

　4　会話相手との関係や発話の丁寧さの度合いを理解し、表現する能力

問題13 次の文章を読み、下の問い（問1～5）に答えよ。

　災害時には、外国人被災者に対するコミュニケーション支援が重要な課題となる。過去の災害においては、多言語支援が多文化共生センターの設立へとつながった例もある。
　　　　　　　　　　　　　　　　　　　A

　災害時には情報の理解が不可欠であるが、外国人はストック情報が不足しているだけで
　　　　　　　　　　　　　　　　　　　　　　　　　　　　B
なく、フロー情報の理解にも困難を伴うことがある。そのため、「やさしい日本語」による情報伝達が提案されている。例えば、弘前大学の研究室が2013年に『増補版「やさしい
　　　　　　　　　　　　　　　　　　　　　　　　　　　　　　　　　　　C
日本語」作成のためのガイドライン』をまとめている。また、記号を使用する際は、外国
　　　　　　　　　　　　　　　　　　　　　　　　　　　　D
人にも理解が容易なものを選ぶと誤解を防げる。

　さらに、避難所では、生活習慣が異なる人と生活することが想定される。宗教や文化の
　　　　　　　　　　　　　　　　　　　　　　　　　　　　　　　　　E
違いをあらかじめ理解したうえで、実際の対応を考えるとよいだろう。

問1　文章中の下線部Aに関して、全国で初めて多文化共生センターが開設される発端となった災害はどれか。最も適当なものを、次の1～4の中から一つ選べ。

　1　1995年の阪神・淡路大震災

　2　2004年の新潟県中越地震

　3　2011年の東日本大震災

　4　2016年の熊本地震

問2　文章中の下線部B「ストック情報」の例として最も適当なものを、次の1～4の中から一つ選べ。

　1　家族や知人が無事かどうかの情報

　2　災害直後に示された出国に関する情報

　3　地震の時どのように身を守るかという情報

　4　地震の被害がどの程度かという情報

問3　文章中の下線部C「増補版「やさしい日本語」作成のためのガイドライン」を反映
　　　した例として最も適当なものを、次の1〜4の中から一つ選べ。

1　「この飲み物は無料です」ではなく、「この飲(の)み物(もの)はフリーです」とする。

2　「捨てられる」ではなく、「捨(す)てることができる」とする。

3　「くすりがあります」ではなく、「Kusuri ga arimasu」とする。

4　「2022年10月12日」ではなく、「2022/10/12」とする。

問4　文章中の下線部Dに関して、JIS規格となっている記号はどれか。最も適当なものを、
　　　次の1〜4の中から一つ選べ。

	記号	意味	例
1	○	良い	○ くつ
	✕	悪い	✕ サンダル
2	↑	上方へ・前方へ	↑ 入 口
3	〜	期間や時間帯	月曜日 〜 水曜日
4	〒	郵便番号	〒 123 － 4567

問5　文章中の下線部E「宗教」に関して、厳格なイスラム教徒の行動として最も適当な
　　　ものを、次の1〜4の中から一つ選べ。

1　豚肉が入っている料理は、豚肉を取り除いて食べる。

2　蜂蜜は昆虫に由来するものであるため、摂取しない。

3　人に物を渡すときは左手、もらうときは右手を使う。

4　お祈りは1日の回数を守り、時間と方角を確認して行う。

問題14 次の文章を読み、下の問い（問1～5）に答えよ。

　第二次世界大戦後、ヨーロッパは平和共存を求めた。1949年にはヨーロッパ地域での人権擁護、民主主義の確立などを目指し　(ア)　が設立された。同機関は、複言語・複文化主義を理念的背景とする「ヨーロッパ言語共通参照枠（CEFR）」を2001年に発表した。CEFRは学習者を含めた言語の使用者を、与えられた環境の中で日常の課題を遂行しようとする「　(イ)　」と捉えている。このようなCEFRの理念の実現に向けて、共通参照レベルと例示的な能力記述文が示された。また、教育ツールとして「ヨーロッパ言語ポートフォリオ」が開発された。

問1　文章中の　(ア)　に入れるのに最も適当なものを、次の1～4の中から一つ選べ。

　1　欧州評議会（Council of Europe）

　2　欧州共同体（European Communities）

　3　欧州連合（European Union）

　4　欧州議会（European Parliament）

問2　文章中の下線部A「複言語・複文化主義」の説明として最も適当なものを、次の1～4の中から一つ選べ。

　1　異文化マイノリティの言語・文化の発展を認めることで、国民全体の共存・共生が作り上げられているという考え方

　2　個人の持つ言語能力や文化的体験が相互に作用し合って、その人の言葉や文化が作り上げられているという考え方

　3　異なる言語の話者間のコミュニケーションのために、国際共通語となる言葉が用いられているという考え方

　4　三つ以上の言語あるいは言語変種が、一つの社会で異なる機能と評価のもとで用いられているという考え方

問3 文章中の ＿＿(イ)＿＿ に入れるのに最も適当なものを、次の1〜4の中から一つ選べ。

1 多言語使用者（multilingual）

2 生涯学習者（lifelong learner）

3 内省的実践家（reflective practitioner）

4 社会的存在（social agents）

問4 文章中の下線部B「共通参照レベル」に関する記述として最も適当なものを、次の1〜4の中から一つ選べ。

1 コミュニケーション言語能力を「叙述的知識」「技能とノウ・ハウ」「実存論的能力」「学習能力」の四つの目安で示している。

2 コミュニケーション言語活動を「聞く」「読む」「話す」「書く」の技能に分類し、技能ごとの具体的な言語行動を四つのレベルで示している。

3 学ぶべき文法項目と語の数を学習段階別に示し、それぞれの段階に到達するための総学習時間数の目安を設定している。

4 言語能力を「基礎」「自立」「熟達」の3段階に設定し、各段階を二つずつに分けた計6レベルに設定している。

問5 文章中の下線部C「ヨーロッパ言語ポートフォリオ」に関する記述として**不適当なもの**を、次の1〜4の中から一つ選べ。

1 進学・転校や就職活動の際、教育機関や雇用主に提示することができる。

2 ヨーロッパ全域で書式が統一されており、国を越えて使うことができる。

3 具体的な言語学習経験や外国語の熟達度・到達度を示すことができる。

4 言語学習者が習得した言語的・文化的技能を記録することができる。

問題15 次の文章を読み、下の問い（問１～５）に答えよ。

　言語教育政策には、母語教育政策と外国語教育政策がある。日本における母語教育政策は、明治時代の国語政策に始まり、常用漢字表の制定・改正、外来語の表記など、様々な
　　　A
議論が行われてきた。また現代では、国語政策の立案に必要な基礎データを得るために
「国語に関する世論調査」が毎年行われている。令和２年度（2020年度）に実施された調
　B　　　　　　　　　　　　　　　　　　　　　C
査では、これまでと同様の項目に加え、現在の社会状況を踏まえた質問項目を設け、調査
している。

　外国人に対する日本語教育政策には、様々な機関が関わっている。その中で、国際協力
　　　　　　　　　　　　　　　　　　　　D
事業団（JICA）はJICA海外協力隊の派遣を実施し、日本語教育の分野でも開発途上国の
　　　　　　　　　E
発展や復興に寄与している。

問１　文章中の下線部Ａ「明治時代の国語政策」に関する記述として最も適当なものを、
　　　次の１～４の中から一つ選べ。

　　１　上田万年が、標準語を確立することの必要性を主張した。

　　２　志賀直哉が、英語を第二公用語にする必要性を主張した。

　　３　福沢諭吉が、書き言葉を話し言葉と一致させるべきだと主張した。

　　４　森有礼が、「漢字御廃止之議」で漢字使用をやめるべきだと主張した。

問２　文章中の下線部Ｂ「国語に関する世論調査」に関する記述として最も適当なものを、
　　　次の１～４の中から一つ選べ。

　　１　国立国語研究所が、「国語力」に対する国民の意識や日常の言語活動の様子を把
　　　握するために行っている。

　　２　国立国語研究所が、国内外における日本語の評価基準の指針を策定するために
　　　行っている。

　　３　文化庁が、日本語教育関係機関における日本語教育関連事業の実施状況を把握す
　　　るために行っている。

　　４　文化庁が、現在の社会状況の変化に伴う日本人の国語に関する意識や理解度を調
　　　査するために行っている。

問3 文章中の下線部Cの「現在の社会状況を踏まえた質問項目」として最も適当なものを、次の1～4の中から一つ選べ。

1 パソコンや携帯電話の普及により言葉遣いが影響を受けるか。

2 マスクを着けると話し方や態度などが変わることがあると思うか。

3 はがきや手紙、年賀状の宛名や本文を手書きで書くか。

4 常用漢字表の見直しが行われていることを知っているか。

問4 文章中の下線部Dに関して、実施機関と事業内容の最も適当な組合せを、次の1～4の中から一つ選べ。

	実施機関	事業内容
1	国際人材協力機構（JITCO）	「BJTビジネス日本語能力テスト」の運営・実施
2	国際文化フォーラム（TJF）	『外国人技能実習生のための日本語』の発行
3	日本学生支援機構（JASSO）	「日本留学試験」の運営・実施
4	日本国際協力センター（JICE）	『外国語学習のめやす』の発行

問5 文章中の下線部E「JICA海外協力隊」で派遣される日本語教育隊員の資格条件に**挙げられていないもの**を、次の1～4の中から一つ選べ。

1 日本語教育能力検定試験に合格していること

2 420時間程度の日本語教師養成講座を修了していること

3 個人レッスンを除く、3年以上の日本語教授経験を有すること

4 大学または大学院で日本語教育主専攻・副専攻を修了していること

このページには問題が印刷されていません。

このページには問題が印刷されていません。

令和4年度日本語教育能力検定試験

試験Ⅱ　問題冊子

30分

［注意事項］

1　「試験Ⅱを始めます」という指示があるまで、解答用紙への受験番号と氏名の記入以外は、
　鉛筆・シャープペンシルを持ってはいけません。

2　「試験Ⅱを始めます」という指示があるまで、この冊子の中を見てはいけません。

3　この問題冊子は19ページまであります。

4　問題は音声によって提示されます。

　　問題提示の前に、問題冊子および解答用紙の点検が指示されます。不備があった場合は、
　指示終了後直ちに手を挙げて、監督者に知らせてください。

　　問題の提示が始まってからは、問題冊子および解答用紙の取り替えは受け付けません。

5　監督者の指示に従って、解答用紙の所定の欄に、氏名および受験番号を正しく記入してくだ
　さい。受験番号は、数字欄に数字を記入し、その下のマーク欄にも必ずマークしてください。
　正しくマークされていないと、採点できないことがあります。

6　解答は全て解答用紙の解答欄にマークしてください。

　　例えば、問題1の1番に「a」と解答する場合、次の（例）のように問題1の1番の解答欄
　の@をマークしてください。

問題番号		解　答　欄
問題1	例	ⓐ ● ⓒ ⓓ
	1番	● ⓑ ⓒ ⓓ

（例）

問題冊子に記入しても採点されません。

　　また、後で転記する時間はないので、直接解答用紙の解答欄にマークしてください。

7　解答用紙の［注意事項］もよく読んでください。

8　この試験Ⅱの問題冊子は、必ず持ち帰ってください。ただし、この冊子の複写・複製、引用
　等は固く禁じます。

このページには問題が印刷されていません。

問題1は次のページにあります。

問題1

　これから、学習者が文を言います。問題冊子の下線を引いた部分について、学習者がどのようなアクセント形式で言ったかを聞いて、該当するものを、問題冊子の選択肢 a、b、c、d の中から一つ選んでください。

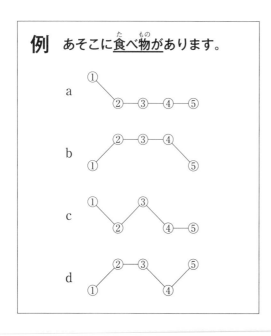

例　あそこに<ruby>食<rt>た</rt></ruby>べ<ruby>物<rt>もの</rt></ruby>があります。

1番　私は、<ruby>食<rt>た</rt></ruby>べ<ruby>歩<rt>ある</rt></ruby>きが趣味なんです。

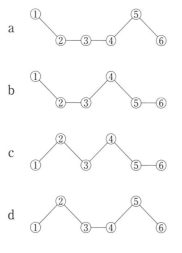

2番　夏は、スズメバチに気をつけましょう。

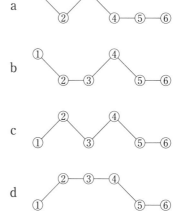

4

3番 妹は、<u>ところかまわず</u>寝てしまいます。

a

b

c

d
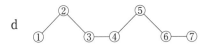

4番 これは、<u>緑の箱</u>に入れてください。

a

b

c

d

5番 1キロぐらい<u>歩いたところで</u>、休みましょう。

a

b
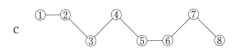

c

d
（省略）

6番 誰かに<u>借りられなければ</u>、買います。

a

b

c
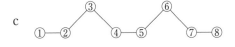

d
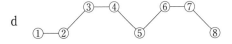

問題2

　これから、教師が、学習者の発音上、問題がある箇所を言い直します。発音上の問題として最も適当なものを、問題冊子の選択肢 a 、 b 、 c 、 d の中から一つ選んでください。

例

   a　拍の長さ

   b　プロミネンス

   c　アクセントの下がり目　と　プロミネンス

   d　句末・文末イントネーション

1番

   a　アクセントの下がり目　と　句末・文末イントネーション

   b　アクセントの下がり目　と　プロミネンス

   c　特殊拍の位置

   d　プロミネンス

2番

   a　特殊拍の種類

   b　特殊拍の種類　と　プロミネンス

   c　特殊拍の位置

   d　特殊拍の位置　と　プロミネンス

3番

   a　特殊拍の種類

   b　特殊拍の種類　と　アクセントの下がり目

   c　特殊拍の位置

   d　特殊拍の位置　と　アクセントの下がり目

6

4番

    a   プロミネンス と 句末・文末イントネーション

    b   プロミネンス と アクセントの下がり目

    c   ポーズの位置 と 句末・文末イントネーション

    d   ポーズの位置 と アクセントの下がり目

5番

    a   特殊拍の種類 と ポーズの位置

    b   特殊拍の種類 と アクセントの下がり目

    c   プロミネンス と ポーズの位置

    d   プロミネンス と アクセントの下がり目

6番

    a   句末・文末イントネーション と ポーズの位置

    b   句末・文末イントネーション と アクセントの下がり目

    c   プロミネンス と ポーズの位置

    d   プロミネンス と アクセントの下がり目

問題3

　これから、教師が、学習者の発音上、問題がある箇所を言い直します。発音上の問題として最も適当なものを、問題冊子の選択肢a、b、c、dの中から一つ選んでください。

例　たくさん　べんきょうしました。

a　　　　　　　b　　　　　　　c　　　　　　　d

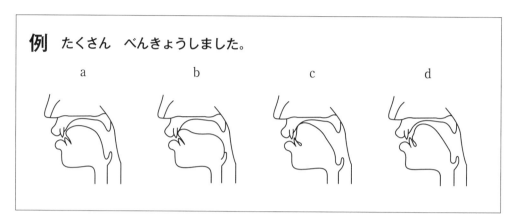

1番　そつぎょうしたら　かいがいで　はたらきたいです。

a　　　　　　　b　　　　　　　c　　　　　　　d

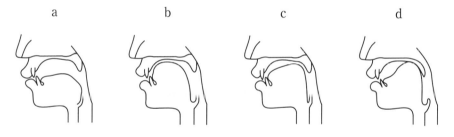

2番　かんじの　よみかたを　おしえてください。

a　　　　　　　b　　　　　　　c　　　　　　　d

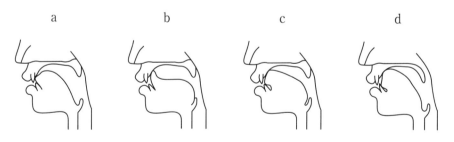

3番　じっかでは　ねこを　かっています。

a　　　　　　　b　　　　　　　c　　　　　　　d

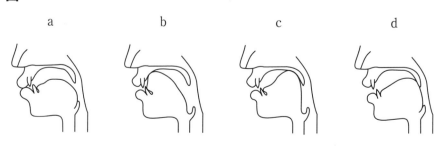

4番 えいがは　ノンフィクションが　すきです。

    a　調音点

    b　調音点　と　気息の有無

    c　調音法

    d　調音法　と　声帯振動

5番 きのう　モッツァレラチーズを　かいました。

    a　調音点

    b　調音法

    c　声帯振動　と　舌の高さ

    d　気息の有無　と　舌の前後位置

6番 ゆうびんきょくの　まえに　ポストが　あります。

    a　子音の挿入

    b　子音の脱落

    c　舌の前後位置

    d　舌の高さ

7番 よる　おそくまで　じっけんしていました。

    a　舌の前後位置　と　舌の高さ

    b　舌の前後位置　と　調音点

    c　唇のまるめ　と　舌の高さ

    d　唇のまるめ　と　気息の有無

8番 そのごみは　ビニールぶくろに　いれてください。

    a　調音点　と　声帯振動

    b　調音点　と　気息の有無

    c　調音法　と　声帯振動

    d　調音法　と　気息の有無

問題4

　これから、日本語を母語とする人と日本語を母語としない人の会話などを聞きます。それぞれについて、問いが複数あります。それぞれの問いの答えとして最も適当なものを、問題冊子の選択肢ａ、ｂ、ｃ、ｄの中から一つ選んでください。**（この問題には例がありません。）**

1番　コンサート会場で、日本人の大学生と留学生が、話しています。最初に話すのは留学生です。

　問1　この日本人の大学生が留学生の発話を誤解する原因となったものは、次のうちどれですか。
　　ａ　疑問詞
　　ｂ　応答詞
　　ｃ　連体詞
　　ｄ　指示詞

　問2　この留学生が日本人の大学生の発話を誤解した理由は、次のうちどれですか。
　　ａ　鼻音を弾き音と聞き間違えたため
　　ｂ　長音を弾き音と聞き間違えたため
　　ｃ　拗音を直音と聞き間違えたため
　　ｄ　撥音を促音と聞き間違えたため

2番 日本語の授業で、学習者が発表しています。

問1 この学習者の発話に観察される文法的な問題点は、次のうちどれですか。

    a 必要なところに可能表現が使われていない。

    b 必要なところに受身表現が使われていない。

    c 必要なところに使役表現が使われていない。

    d 必要なところに授受表現が使われていない。

問2 この学習者の発話に観察される音声的な問題点に対する適切な練習方法は、次のうちどれですか。

    a 一定の発話速度を意識して読ませる。

    b 意味のまとまりを意識して読ませる。

    c 正確な発音を意識して読ませる。

    d 音の高低を意識して読ませる。

3番 お店で、留学生のアルバイト店員と日本人の客が、話しています。最初に話すのは留学生のアルバイト店員です。

問1 この留学生のアルバイト店員の発話に観察される音声的特徴は、次のうちどれですか。

    a ポーズが不適切な位置に挿入されている。

    b 下降調イントネーションを用いている。

    c 文末にプロミネンスが置かれている。

    d アクセントの平板化が起きている。

問2 この日本人の客の発話の特徴は、次のうちどれですか。

    a 相手の発話を補っている。

    b 文末を統一している。

    c 単語を反復している。

    d 助詞を省略している。

問題5

　これから、日本語学習者向けの聴解教材などを聞きます。それぞれについて、問い
が複数あります。それぞれの問いの答えとして最も適当なものを、問題冊子の選択肢
ａ、ｂ、ｃ、ｄの中から一つ選んでください。**（この問題には例がありません。）**

1番

```
聴解問題(1)

　（音声のみの聞き取り問題です。）
```

　問1　この聴解素材の会話の特徴は、次のうちどれですか。

　　　ａ　前置き表現が多用されている。

　　　ｂ　反復要求を行って会話を続けている。

　　　ｃ　相手の発話に自分の発話を重ねている。

　　　ｄ　相手の次の発話を先取りして発話している。

　問2　この聴解教材の特徴は、次のうちどれですか。

　　　ａ　会話の後半部分だけ聞けば答えが分かる。

　　　ｂ　特定の分野の知識があれば答えが分かる。

　　　ｃ　自分の経験と照合すれば答えが分かる。

　　　ｄ　敬語の知識があれば答えが分かる。

2番

聴解問題(2)

1　睡眠時間が長くなりました。

2　睡眠時間はほとんど同じでした。

3　睡眠時間が短くなりました。

4　睡眠時間が激減しました。

問1　この聴解教材の目的は、次のうちどれですか。

　　　a　自分の聴解過程をモニタリングさせる。

　　　b　現象の因果関係を読み取らせる。

　　　c　文脈から内容を推測させる。

　　　d　数字を正確に聞き取らせる。

問2　この聴解教材の問題点は、次のうちどれですか。

　　　a　社会事情に関する知識が必要である。

　　　b　睡眠に関する専門知識が必要である。

　　　c　正答が複数ある。

　　　d　計算能力が求められる。

3番

聴解問題(3)

問1　この聴解問題を解くために必要な技能は、次のうちどれですか。

　　a　接続詞から時間的順序を再構築する技能

　　b　省略された情報から時間的順序を推測する技能

　　c　終結部を予測しながら時間的順序を推測する技能

　　d　提示された情報を基に時間的順序を再構築する技能

問2　この聴解問題で左ページの 2 を選んだ学習者が分からなかったと考えられる文法項目は、次のうちどれですか。

　　a　～る前に ／ ～てから

　　b　～るとき ／ ～たとき

　　c　～のあと ／ ～たあと

　　d　～るんです ／ ～たんです

問題6

これから、学習者が短い文を言います。その中に含まれる誤りの説明として最も
適当なものを、問題冊子の選択肢a、b、c、dの中から一つ選んでください。

例

    a　副詞と動詞の混同

    b　名詞と動詞の混同

    c　イ形容詞と動詞の混同

    d　ナ形容詞と動詞の混同

1番

    a　イ形容詞とナ形容詞の混同

    b　様態副詞と程度副詞の混同

    c　動詞の活用の誤り

    d　助動詞の活用の誤り

2番

    a　テンスの誤り

    b　助詞の脱落

    c　尊敬語と謙譲語の混同

    d　不要な謙譲語の使用

3番

    a　様態表現の付加

    b　伝聞表現の付加

    c　助詞の誤り

    d　副詞の誤り

4番

    a   動詞の誤り

    b   形容詞の誤り

    c   副詞の誤り

    d   助詞の誤り

5番

    a   アスペクトの誤り

    b   名詞の選択の誤り

    c   条件表現の誤り

    d   名詞修飾の誤り

6番

    a   理由を表す助詞の付加

    b   範囲を表す助詞の付加

    c   経験を表す表現の付加

    d   決定を表す表現の付加

7番

    a   助詞の脱落

    b   対象の脱落

    c   接続助詞の誤り

    d   使役表現の誤り

8番

    a   他動詞と自動詞の混同

    b   瞬間動詞と継続動詞の混同

    c   アスペクトの誤り

    d   助詞の誤り

このページには問題が印刷されていません。

このページには問題が印刷されていません。

令和4年度日本語教育能力検定試験

試験Ⅲ　問題冊子

120分

[注意事項]

1　試験開始の合図があるまで、この問題冊子の中を見てはいけません。

2　この問題冊子は47ページまであります。

3　試験中に、問題冊子の印刷不鮮明、ページの落丁・乱丁および解答用紙の汚れ等に気づいた場合は、手を挙げて監督者に知らせてください。

4　監督者の指示に従って、解答用紙（マークシートと記述解答用紙）の所定の欄に、氏名および受験番号を正しく記入してください。受験番号は、数字欄に数字を記入し、その下のマーク欄にも必ずマークしてください。正しくマークされていないと、採点できないことがあります。

5　問題1～16の解答はマークシートの解答欄にマークしてください。

　例えば、問題1の問1に「2」と解答する場合、次の（例）のように問題1の問1の解答欄の②をマークしてください。

	問題番号	解　答　欄			
（例）	問題1 問1	①	●	③	④
	問2	①	②	③	④

　問題17の解答は記述解答用紙に記入してください。

　問題冊子に記入しても採点されません。

6　解答用紙の［注意事項］もよく読んでください。

7　この試験Ⅲの問題冊子は、必ず持ち帰ってください。ただし、この冊子の複写・複製、引用等は固く禁じます。

このページには問題が印刷されていません。

問題1は次のページにあります。

問題1 次の文章を読み、下の問い（問1～5）に答えよ。

　音のまとまりの単位には様々なものがある。多くの言語に共通する単位として、音節が
挙げられる。音節は日本語におけるアクセントをはじめ、各言語において様々な音声現象
に関与している。
　　　　B

　日本語教育において特に重要となるのが、いわゆる特殊拍である。音節を基本単位とす
る言語を母語とする学習者は、モーラではなく音節単位で音のまとまりを捉えるため、
特殊拍の発音や知覚が難しい。そのため、学習者の母語を踏まえたモーラの指導が重要と
C　　　　　　　　　　　　　　　　　　D
なる。音のまとまりの捉え方は、「日本語らしさ」を感じさせるリズムの形成にも関係し
　　　　　　　　　　　　　　　E
ている。

問1 文章中の下線部A「音節」に関する記述として最も適当なものを、次の1～4の中
から一つ選べ。
1　日本語には、子音を二つ以上含む音節がある。
2　日本語には、1音節からなる単語が多い。
3　日本語では、母音に子音が後接した音節が一般的である。
4　日本語では、仮名1文字が一つの音節に対応している。

問2 文章中の下線部B「日本語におけるアクセント」に関する記述として最も適当な
ものを、次の1～4の中から一つ選べ。
1　名詞は、語の音節数によってアクセントの型の数が決まる。
2　前部要素のアクセント型は、複合名詞全体のアクセント型に関与することがある。
3　尾高型の名詞は、後続する助詞によってはアクセント核が消失することがある。
4　東京方言は、音節ごとにアクセントが決まっており、声調と類似している。

問3　文章中の下線部C「特殊拍の発音」に関する記述として最も適当なものを、次の1～4の中から一つ選べ。

1　規範的な発音では、「発表」と「発揮」の促音部分の調音点は、同じであることが多い。

2　規範的な発音では、「一切」と「一体」の促音部分の調音法は、同じであることが多い。

3　規範的な発音では、「あの辺へ」と「あの辺に」の撥音部分の調音点は、同じであることが多い。

4　規範的な発音では、「簡易」と「嫌悪」の撥音部分の調音法は、同じであることが多い。

問4　文章中の下線部Dに関する記述として最も適当なものを、次の1～4の中から一つ選べ。

1　学習者の母語に二重母音がある場合、長音を習得させることが容易である。

2　英語の"What time"のような音節構造は、英語母語話者への促音指導に活用できる。

3　特殊拍の指導にあたっては、学習者が漢字圏か非漢字圏かを考慮する必要がある。

4　長音を表す符号「ー」は多くの言語に存在しているため、学習上有効に活用できる。

問5　文章中の下線部E「「日本語らしさ」を感じさせるリズム」に関する記述として最も適当なものを、次の1～4の中から一つ選べ。

1　日本語では、通常1モーラごとに区切って発音される。

2　日本語では、各音節がおおむね等しい長さで発音される。

3　日本語では、2モーラが一つのまとまりを形成する。

4　日本語では、強勢が置かれる音節が等間隔で現れる。

問題2　次の文章を読み、下の問い（問1～5）に答えよ。

　日本語には、主題を表す助詞「は」がある。「は」によって様々な成分を主題とすることができるが、一部の格助詞は「は」が付加されると義務的に消去される。

　　　　　　　　　　　　　　　　　　　　　A

　「は」は、しばしば「が」との使い分けが問題にされる。述語との関係で見ると、「が」は主体や対象を表す。これに対し、「は」は基本的に主題を表し、主体や対象以外にも付

　　　　　　　　B　　　　　　　　　　　　　　　　　　　　　　　　　　　　　　C
加できるという点で異なる。また「は」は、複文において「が」と異なる特徴を持っており、主題を表す「は」は全ての従属節に現れるわけではない。

　　D

　このように、「は」の文法的特徴は極めて複雑であり、学習者に向けた指導に際しては

　　　　　　　E
十分に留意する必要がある。

問1　文章中の下線部Aの例として最も適当なものを、次の1～4の中から一つ選べ。

　　1　から

　　2　と

　　3　で

　　4　を

問2　文章中の下線部B「対象」として解釈できる「が」の例として最も適当なものを、次の1～4の中から一つ選べ。

　　1　ピザはナポリが本場だ。

　　2　私はパセリが嫌いだ。

　　3　彼はウエストが細いです。

　　4　この店はマグロが名物です。

問3　文章中の下線部Cの例として最も適当なものを、次の1～4の中から一つ選べ。

　　1　このグラウンドはかなり広い。

　　2　彼は2時間後に出発する。

　　3　昨日は図書館に行きました。

　　4　犯人はもう捕まえました。

問4 文章中の下線部Dに関して、節の内部に主題を表す「は」が現れることが可能な従
属節のタイプとして最も適当なものを、次の1〜4の中から一つ選べ。

1 「〜けれど」「〜し」などの等位節

2 「〜たら」「〜ば」などの条件節

3 「〜とき」「〜あと」などの時間節

4 「〜ように」「〜ほど」などの様態節

問5 文章中の下線部E「「は」の文法的特徴」に関する記述として最も適当なものを、
次の1〜4の中から一つ選べ。

1 分裂文における焦点を示す。

2 新しい話題を設定する場合に用いられる。

3 とりたて助詞としての用法を持たない。

4 疑問詞を主題とすることができない。

問題3 次の文章を読み、下の問い（問1～5）に答えよ。

　日本語の動詞は、自動詞と他動詞に分けられる。他動詞を認定する基準は二つある。一つ目は、他の対象に対する働きかけがあることであり、具体的には、対象のヲ格をとる動詞が他動詞と認定される。ただし、ヲ格をとる場合でも、　(ア)　のヲ格をとる動詞は自動詞に分類される。二つ目は、直接受身文を形成することである。
　　　　　　　　　　　　　　　　　　　　　　　　　A

　自動詞には意志的自動詞と非意志的自動詞があり、後者には、語幹の一部を共有し、
　　　　　　　　　　　　　　　　　　　　　　　　　　　　　　　B
「Xガ　自動詞」「Yガ　Xヲ　他動詞」という関係のペアを持つものがある。自動詞と他動
詞のペアがある動詞には、意味的な違いがある。一方、対応するペアがない場合は、文法
　　　C　　　　　　　　　　　　　　　　　　　　　　　D
的な形式で補われることがある。

　自動詞と他動詞の習得には困難が伴うため、初級から上級まで繰り返し指導する必要がある。

問1　文章中の　(ア)　に入れるのに最も適当なものを、次の1～4の中から一つ選べ。

　　1　目的や起点

　　2　目的や手段

　　3　経路や起点

　　4　経路や手段

問2　文章中の下線部A「直接受身文」の例として最も適当なものを、次の1～4の中から一つ選べ。

　　1　友人に無理な仕事を頼まれて、しぶしぶ引き受けた。

　　2　同僚の鈴木さんに会社を辞められて、毎日忙しくなった。

　　3　5歳下の後輩に先に昇進されて、落胆した。

　　4　映画館で隣の観客に騒がれて、迷惑だった。

問3　文章中の下線部Bの例として最も適当なものを、次の1～4の中から一つ選べ。

1　起きる ― 起こる

2　預ける ― 預かる

3　浴びる ― 浴びせる

4　下りる ― 下ろす

問4　文章中の下線部Cに関する記述として最も適当なものを、次の1～4の中から一つ選べ。

1　自動詞は静的な動作を表し、他動詞は動的な状態を表す。

2　自動詞は継続的な動作を表し、他動詞は瞬間的な動作を表す。

3　自動詞は変化を表し、他動詞は変化の原因となる動作を表す。

4　自動詞は意志的な動作を表し、他動詞は非意志的な変化を表す。

問5　文章中の下線部Dに関する記述として最も適当なものを、次の1～4の中から一つ選べ。

1　対応する自動詞がない場合は、他動詞の受身形が自動詞の役割を担う。

2　対応する自動詞がない場合は、他動詞の使役形が自動詞の役割を担う。

3　対応する他動詞がない場合は、自動詞の使役受身形が他動詞の役割を担う。

4　対応する他動詞がない場合は、自動詞の可能形が他動詞の役割を担う。

問題4　次の文章を読み、下の問い（問1～5）に答えよ。

　日本語には、いわゆる「やりもらい」の授受表現がある。学習者はまず、何が「あげ
る」「くれる」「もらう」などの授受動詞の主語になるかを理解しなければならない。
　　(ア)　は与え手が主語になる動詞、　(イ)　は受け手が主語になる動詞である。
　授受動詞は、「友達が助けてくれた」「友達に助けてもらった」のような補助動詞として
の用法も持つ。補助動詞としての授受動詞を使うべき場面で使わないと、「友達が私を助
けました。」のように不自然な文となることから、適切に習得することが重要である。
　　　　　　　　　A
　本動詞と補助動詞では、格のとり方が異なる。与え手が主語になる動詞を本動詞として
用いる場合、物の受け手は　(ウ)　。補助動詞として用いる場合、格は　(エ)　。さら
に、授受動詞による敬語表現の運用についても理解しておく必要がある。
　　　B
　授受表現のほかにも、同じ事柄を、動作主と受け手のどちらの視点で述べるかによって
　　　　　　　　　　　　C
異なる形式を使い分けるものがある。

問1　文章中の　(ア)　と　(イ)　に入れるのに最も適当な組合せを、次の1～4の中から
　　一つ選べ。

	(ア)	(イ)
1	「くれる」と「もらう」	「あげる」
2	「あげる」と「くれる」	「もらう」
3	「あげる」	「くれる」と「もらう」
4	「もらう」	「あげる」と「くれる」

問2　文章中の下線部Aの理由として最も適当なものを、次の1～4の中から一つ選べ。

　1　話し手にとっての与益の意味が表されていないため

　2　話し手にとっての受益の意味が表されていないため

　3　与益者が「私」であるため

　4　受益者が「友達」であるため

問3 文章中の ⎡(ウ)⎤ と ⎡(エ)⎤ に入れるのに最も適当な組合せを、次の1～4の中から一つ選べ。

	(ウ)	(エ)
1	ニ格で表される	受益者の人称によって異なる
2	ニ格で表される	授受動詞の前に来る動詞によって異なる
3	与え手の人称によって格が異なる	受益者の人称によって異なる
4	与え手の人称によって格が異なる	授受動詞の前に来る動詞によって異なる

問4 文章中の下線部B「授受動詞による敬語表現の運用」に関する記述として最も適当なものを、次の1～4の中から一つ選べ。

1　目上の先生に「先生、パーティーに来ていただけますか？」のように言うのは、動作主が主語になるので、丁寧な印象を与える。

2　目上の先生に「先生、パーティーに来ていただけますか？」のように言うのは、先生が話し手から恩恵を受けることを表すので、丁寧な印象を与える。

3　目上の先生に「先生、お荷物を持ってさしあげます。」のように言うのは、動作主が主語になるので、失礼な印象を与える。

4　目上の先生に「先生、お荷物を持ってさしあげます。」のように言うのは、話し手が先生に恩恵を与えることを表すので、失礼な印象を与える。

問5 文章中の下線部Cの例として**不適当な**ものを、次の1～4の中から一つ選べ。

1　「師匠が教えた」と「師匠に教わった」

2　「弟を褒めた」と「弟が褒められた」

3　「思いを表した」と「思いが表された」

4　「家を貸した」と「家を借りた」

問題5　次の文章を読み、下の問い（問1～5）に答えよ。

　ビジネスパーソンのレッスンを初めて担当するX先生が、先輩のY先生に相談をしている。

X先生：来月から初めてビジネスパーソンのプライベートレッスンを担当することになっ
　　　　たんですが、いろいろと分からないことが多くて。

Y先生：ああ、留学生対象のクラス授業とは違いますよね。もう、レディネス調査は終
　　　　　　　　　　　　　　　　　　　　　　　　　　　　　　　　A
　　　　わったんですか?

X先生：ええ、先日顔合わせがあって、レディネス調査とニーズ調査は済みました。今、
　　　　　　　　　　　　　　　　　　　　　　　　　　B
　　　　シラバスとカリキュラムを検討しているところなんです。

Y先生：そうですか。ビジネスパーソンは学習目的が明確な場合が多いですから、タスク
　　　　　　　　　　　　　　　　　　　　　　　　　　　　　　　　　　　　C
　　　　シラバスを検討してもいいかもしれませんね。

X先生：なるほど、そうですね。

Y先生：それから、カリキュラムデザインにも工夫が必要になりますね。
　　　　　　　　　D

X先生：はい。そのほかにも何か気をつけたほうがいいことはありますか?

Y先生：ビジネスに従事する学習者は、アカデミックな日本語を勉強する留学生とは異な
　　　　E
　　　　る点もあると言われているので、その特性を知っておいたほうがいいですね。

問1　文章中の下線部A「レディネス調査」の結果を基に教師が行うこととして最も適当な
　　ものを、次の1～4の中から一つ選べ。

　1　学習者が希望する学習時間帯が早朝や夜間の場合、疲労や集中力の低下を考慮し
　　て学習進度を設定する。

　2　学習者や会社側が希望する到達目標に無理がある場合、具体的で到達可能な目標
　　を提案する。

　3　学習者が信頼しているテキストであっても教師が適当でないと判断した場合、使
　　用を断念させる。

　4　学習者が仕事で使う日本語を身につけたいと思っている場合、ビジネスマナーや
　　待遇表現の学習を取り入れる。

問2　文章中の下線部B「ニーズ調査」で行う質問として最も適当なものを、次の1～4の中から一つ選べ。

1　現在、ビジネス場面において日本語で何ができるか。

2　職場で授業を受講する場合、どのような機器が使用できるか。

3　業務では四技能のうち、どの技能の習得を優先する必要があるか。

4　ビジネス日本語を習得するためには、どのような練習が必要だと思うか。

問3　文章中の下線部C「タスクシラバス」に関する記述として最も適当なものを、次の1～4の中から一つ選べ。

1　「企画を立てる」「商品を売り込む」など、遂行すべき業務を基に構成されている。

2　「説明する」「謝罪する」など、業務で必要な機能を中心に構成されている。

3　「金融政策」「情報技術」など、担当業務に関連した内容で構成されている。

4　「会議」「出張」など、日常業務で遭遇する状況を想定して構成されている。

問4　文章中の下線部D「カリキュラムデザイン」の例として**不適当なもの**を、次の1～4の中から一つ選べ。

1　学習者の業務の状況を確認したうえで、授業時間数と進度を決める。

2　日本事情やビジネスマナーの説明に、媒介語を使用するかどうかを決める。

3　「提案書」「見積書」など、どのようなビジネス文書を教材とするかを決める。

4　「商談で使う表現」「電話応対で使う表現」など、学習項目を決める。

問5　文章中の下線部Eに関して、ビジネスに従事する学習者の特性として最も適当な
　　ものを、次の1～4の中から一つ選べ。

　　1　意図するところが相手に通じればよいという実用性よりも、言語使用の正確さを
　　　第一に考える。

　　2　費用対効果を重視する傾向があるため、効率の良い学習への期待が大きく、学習
　　　成果を性急に求める。

　　3　業務に直結した分野の学習だけでなく、社会人として、他の分野の語彙学習にも
　　　広く関心を持つ。

　　4　業務遂行能力と日本語運用能力の両者を等しく向上させることを目的として、学
　　　習する。

このページには問題が印刷されていません。

問題6は次のページにあります。

問題6 次の文章を読み、下の問い（問1〜5）に答えよ。

　ベテランのX先生と新任のY先生が、Y先生の授業について話している。授業は、初級前半レベルで、コミュニケーション能力の育成を重視しながら文型を学ぶことを目標としている。

X先生：「〜ている」の授業はうまくいきましたか？

Y先生：はい。<u>導入</u>はうまくいったんですが、やっぱり「テ形」が難しいみたいで…。
　　　　　A

X先生：そうですか。練習は十分にしましたか？

Y先生：<u>変換練習</u>などで口慣らしをしました。
　　　　　B

　　　　あと、<u>TPR</u>も取り入れました。
　　　　　　C

X先生：なるほど。いろんな練習をしたんですね。

　　　　次は<u>教具</u>も工夫して練習してみるといいですよ。
　　　　　　D

Y先生：ありがとうございます。

　　　　学習者が<u>不安</u>を感じないような授業をしたいです。
　　　　　　　　　E

問1　文章中の下線部A「導入」で行うこととして最も適当なものを、次の1〜4の中から一つ選べ。

1　口頭ではなく文字で文型とルールを板書し、文型を正しい発音で読ませる。

2　文型を含んだ会話を聞かせたりビデオを見せたりして、文型の意味を類推させる。

3　導入文型と新出語彙の両方を含む例文を提示し、教師に続いてリピートさせる。

4　一つの文型について例文は一つに絞り、教師が読み上げた例文を書き取らせる。

問2　文章中の下線部Bの背景にある言語教育の考え方に「オーディオ・リンガル・メソッド」がある。その特徴として最も適当なものを、次の1〜4の中から一つ選べ。

1　母語話者と同様の流暢さを習得することを目標とする。

2　学習の初期段階では文法的な誤りを許容する。

3　学習者のニーズを踏まえて文型の提示順を決める。

4　口頭練習と文字教育を同時に行い産出の能力を伸ばす。

問3　文章中の下線部C「TPR」（Total Physical Response）を行う際の留意点として最も適当なものを、次の1～4の中から一つ選べ。

1　「立たないでください」のような否定形の指示は混乱するので肯定形にする。

2　「夢」のような抽象語彙も動作で表現し、記憶に留めるために板書も行う。

3　動くことに消極的な学習者にも、指示を繰り返して参加させる。

4　単純な作業から複雑な作業へと活動を展開する。

問4　文章中の下線部D「教具」を使う際の留意点として**不適当なもの**を、次の1～4の中から一つ選べ。

1　同一の文字であることを認識させるために、異なるフォントのものを並べて見せるとよい。

2　活用表で動詞を導入する場合は、動詞の活用語尾を太字にするなどして視覚的に分かりやすくするとよい。

3　絵カードの意味が分かりにくい場合は、ジェスチャーなどのほかの方法と併用するとよい。

4　ホワイトボードに板書する場合は、どこに何を書くか計画せず臨機応変に対応できるようにするとよい。

問5　文章中の下線部E「不安」に関する記述として最も適当なものを、次の1～4の中から一つ選べ。

1　学習効果に対する不安を軽減するために、教師は全学習者に同一の学習課題を与え、学習者同士で能力の比較ができるようにする。

2　大人数の前で話すことに不安を感じる場合、教師はペアワークなど学習者が協同で行う課題は避ける。

3　間違うことに不安を感じる場合、教師は間違うことが学習にとって重要であることを学習者に定期的に伝えるようにする。

4　発話することに対する不安を軽減するために、教師は教室内で間違いを訂正することは避ける。

問題7　上級レベルの留学生を対象としたクラスにおいて、ディスカッションの授業を
実施した。次の資料を読み、後の問い（問1～5）に答えよ。＜資料＞は授業の
概要である。

＜資料＞　授業の概要

学　習　者	上級レベルの留学生8名	
授 業 回 数	3回（1回90分）	
授 業 の 目 標	①ディスカッションにおいて、他者と協調しながら自分の意見を述べられるようになる。②ディスカッションの方法やマナーを知り、実際にディスカッションが行えるようになる。③ディスカッションの観察を行って評価をすることで、改善点を見つけられるようになる。	
各回の授業の内容	第1回 ディスカッションの準備1	・意見を述べる表現やオープン・クエスチョン、クローズド・クエスチョンなど、質問の種類を知る。　A・ある問題の是非を問うタイプのディスカッションの方法を理解する。・ディスカッションのテーマを決める。　B
	第2回 ディスカッションの準備2	・ディスカッションに参加する際の留意点について理解する。　C・ディスカッションの時間の管理について知る。　D・ディスカッションを観察して評価する際の手順について理解する。
	第3回 ディスカッションの実践と評価	・4人ずつ、討論者グループと観察者グループに分かれる。・討論者グループはアイスブレイクを行ってからディスカッションを行う。　E・観察者グループは討論者グループのディスカッションを観察し、記録を取る。ディスカッション後に、記録を基に評価を行い、討論者グループに伝える。・討論者と観察者を交代して、同様にディスカッションと評価を行う。

問1　＜資料＞の下線部A「クローズド・クエスチョン」の例として最も適当なものを、次の1～4の中から一つ選べ。

　　1　どのようにしたら解決できると思いますか？

　　2　あなたが言いたいことは何ですか？

　　3　それはいつ始まった政策ですか？

　　4　あなたも同じ意見ですか？

問2　＜資料＞の下線部B「テーマを決める」際の条件として**不適当なもの**を、次の1～4の中から一つ選べ。

　　1　参加者全員が興味を持って話し合えるテーマであること

　　2　現時点で、社会的に合意が得られた結論が出ているテーマであること

　　3　参加者同士で賛否が分かれるようなテーマであること

　　4　利害関係が対立するような、複数の立場の人々が関係するテーマであること

問3　＜資料＞の下線部C「ディスカッションに参加する際の留意点」として最も適当なものを、次の1～4の中から一つ選べ。

　　1　主張する際は理由とその根拠を提示する。

　　2　できるだけ専門用語を使って説明する。

　　3　全員の意見が早く一致するように進める。

　　4　賛成意見を多く出すようにする。

問4　＜資料＞の下線部D「時間の管理」に関する記述として**不適当なもの**を、次の1～4の中から一つ選べ。

　　1　時間の経過をチェックするために、タイムキーパーを置く。

　　2　論点が明確になるように、本論や結論よりも序論の部分に時間をかける。

　　3　制限時間内に終わるように、事前におおよその時間配分を考えておく。

　　4　時間を有効に使うために、誰か一人が長く話しすぎることがないようにする。

問5 <資料>の下線部E「アイスブレイク」で行うことの例として最も適当なものを、次の1〜4の中から一つ選べ。

1　自己紹介や雑談をして話しやすい雰囲気を作る。

2　マインドマップでテーマに関する考えを可視化する。

3　KJ法を使って論点を洗い出し、整理する。

4　テーマに関連する重要な語句をどう定義するか考える。

このページには問題が印刷されていません。

問題 8 は次のページにあります。

問題8　次の文章と資料を読み、後の問い（問1〜5）に答えよ。＜資料＞はX先生が
参加したセミナーの資料の一部である。

X先生が先輩のY先生に、文化を取り入れた新しい授業の方法について相談をしている。

X先生：Y先生、私、昨日「文化を授業に取り入れよう！」というセミナーに行ってみたんです。「文化の氷山モデル」について
　　　　初めて知りました。

Y先生：表層文化と<u>深層文化</u>ですね。
　　　　　　　　　A

X先生：はい。文化理解のための方法も体験しました。それで、次回の授業で、文化についても学習者に考えてもらえるといいなと思ったんです。「友人とレストランに行く」というトピックなんですけど。

Y先生：それはいいですね。どんな工夫をしようと思っているんですか？

X先生：<u>レアリア</u>を使うのはどうかと思っているんです。
　　　　　B

Y先生：なるほど、いろいろな効果が期待できそうですね。あるいは、<u>ロールプレイ</u>を取
　　　　　　　　　　　　　　　　　　　　　　　　　　　　　　　　C
り入れてもいいですね。

X先生：はい。

Y先生：もし別に時間を取ることができれば、<u>ビジターセッション</u>という方法もありますよ。
　　　　　　　　　　　　　　　　　　　　　D

X先生：文化を取り入れた授業の評価って、難しそうですが…。

Y先生：<u>ポートフォリオ</u>で確認することもできると思いますよ。
　　　　　E

＜資料＞　X先生が参加したセミナーの資料の一部

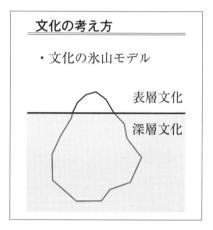

問1　文章中の下線部A「深層文化」に該当するものとして最も適当なものを、次の1～4の中から一つ選べ。

1　ジェスチャー

2　服装

3　建築物

4　思考法

問2　文章中の下線部B「レアリア」に関する記述として**不適当なものを**、次の1～4の中から一つ選べ。

1　臨場感を持たせることができ、興味を持続させることができる。

2　同じ物でも国によってイメージが異なるため、その違いを見せることができる。

3　長さの違った様々な色の棒を使って、概念や行動を示すことができる。

4　導入だけでなく、練習でもコミュニカティブな活動で使用することができる。

問3　文章中の下線部C「ロールプレイ」を取り入れた授業の例として**不適当なものを**、次の1～4の中から一つ選べ。

1　日本のレストランの場面で与えられた役割を演じたあとで、学習者の国との違いを考えさせる。

2　動画でレストランでの店員と客のやり取りを見せたうえで、同じ場面設定での会話をペアで作り発表させる。

3　日本語で書かれたレストランのメニューを見て、どのような料理がいくらで食べられるかをペアで確認させる。

4　レストランでの友人同士の会話だけではなく、上司と部下といった異なる役割での会話も行い、言語行動の違いを話し合わせる。

問4　文章中の下線部D「ビジターセッション」の留意点として最も適当なものを、次の
1～4の中から一つ選べ。

1　学習者とビジターが対等な関係を構築できるよう、やり取りを重視した双方向型
のセッションを行う。

2　学習者がビジターと自由に交流し、知りたい情報を得られるよう、教師は介入し
ないでセッションを見守る。

3　学習者が多くの知識を得ることができるよう、ビジターが事前に調べてきた情報
を可能な限り提供してもらう。

4　一般的な日本人の考え方が引き出せるよう、ビジター個人の意見や気持ちを聞く
ことは避けるよう指導する。

問5　文章中の下線部E「ポートフォリオ」を評価に用いる際の留意点として最も適当な
ものを、次の1～4の中から一つ選べ。

1　学んだ知識や情報がどのくらいあったか、それを正しく覚えているかを数値化し
測れるようにする。

2　授業を通して何をどのように考えるようになったかが分かるように、変化が分か
るものを全て保存させるようにする。

3　自分が気づいたことや考えたことを毎回の授業後に記録させるが、日本語の授業
の一環であるため母語の使用は禁止する。

4　学習の過程や結果を見るための項目や評価基準を設定するが、学習に対する姿勢
は主観的な観点であるため除外する。

このページには問題が印刷されていません。

問題９は次のページにあります。

問題9　次の文章を読み、下の問い（問1～5）に答えよ。

　日本に居住する外国人住民の増加に伴い、異文化接触の機会も増している。日本人住民が外国人住民と接した際には、ステレオタイプの自動的活性化が生じ、トラブルに発展する
　　　　　　　　　　　　　　　　　　A
可能性がある。そのため、日本人住民と外国人住民の初期の集団間接触において、脱カテ
　　　　　　　　　　　　　　　　　　　　　　　　　　　　　　　　　　　　　　B
ゴリー化を促す活動を行うことが有効である。

　外国人住民を対象とした地域の日本語教室では、様々な取り組みが行われている。支援者には、外国人住民から相談が寄せられることもあり、積極的傾聴の姿勢が求められる。
　　　　　　　　　　　　　　　　　　　　　　　　　C
さらに、コミュニティ心理学の視点からは、外国人住民のエンパワーメントも重要であ
　　　　　　　　　　　　　　　　　　　　　　　　　　　　　　D
る。これらの取り組みや支援により、共生社会の充実が期待される。
　　　　　　　　　　　　　　　　　　E

問1　文章中の下線部A「ステレオタイプの自動的活性化」の例として最も適当なものを、
　　　次の1～4の中から一つ選べ。
　　　1　相手から出身地を聞いたら、自分の出身地のことを紹介したくなる。
　　　2　相手から出身地を聞いたら、その出身地の特徴が瞬時に思い浮かぶ。
　　　3　相手の出身地に対して否定的な感情を持ったら、すぐに悪口を言う。
　　　4　相手の出身地に対して明確なイメージを持てたら、親しく付き合う。

問2　文章中の下線部B「脱カテゴリー化を促す活動」の例として最も適当なものを、次の
　　　1～4の中から一つ選べ。
　　　1　日本人住民と外国人住民が共通点を見つけるために、互いに個人の趣味を紹介し
　　　　合う。
　　　2　日本人住民と外国人住民が率直に話し合うために、互いの短所を指摘し合う。
　　　3　日本人住民と外国人住民が互いに住民として認め合えるように、地域の課題を一
　　　　緒に調べる。
　　　4　日本人住民と外国人住民が互いの文化を意識できるように、自国の代表として文
　　　　化を説明する。

問3　文章中の下線部C「積極的傾聴」に関する記述として最も適当なものを、次の1～4の中から一つ選べ。

　　1　相談者の考えに賛同を示し、話の真意が分かりにくい場合もそのまま聴く。

　　2　相談者の気持ちを想像し、否定せずに話に関心を持って真摯な態度で聴く。

　　3　相談者の意見を分析し、支援者の立場から解決方法を提案しながら聴く。

　　4　相談者の話を整理し、その話に対する支援者の価値判断を示しながら聴く。

問4　文章中の下線部D「エンパワーメント」の説明として最も適当なものを、次の1～4の中から一つ選べ。

　　1　価値観や考え方に差異がある中でも多様性を尊重し、重視すること

　　2　逆境の中でも心理的に回復し、環境に適応する柔軟性を身につけること

　　3　自分の生活に意味を見出し、自己決定能力などを獲得する過程のこと

　　4　他者とのつながりを感じ、集団の中での所属感を得るようになること

問5　文章中の下線部E「共生社会の充実」に向けた課題として**不適当なもの**を、次の1～4の中から一つ選べ。

　　1　外国人住民の文化的背景を反映した異文化理解活動の拡充

　　2　コミュニケーション言語としての日本語学習支援の拡充

　　3　地域住民同士のネットワーク作りに向けた交流の促進

　　4　文化的アイデンティティを尊重した外国人住民集住の促進

問題10　次の文章を読み、下の問い（問1〜5）に答えよ。

　第二言語習得は時間をかけて複雑な過程をたどる。その過程は第一言語習得とよく似た<u>U字型のカーブ</u>で表される。
A

　習得過程については、クラッシェン（S. D. Krashen）により<u>自然習得順序仮説</u>が提唱さ
B
れている。このほか、習得には一定の発達段階があるという考え方もあり、<u>日本語の発達</u>
C
<u>段階に応じて産出される言語構造</u>も明らかになってきた。習得過程では学習者は仮説検証
を繰り返しており、その影響は<u>言語転移</u>として産出に現れることがある。
D

　最近、<u>学習者コーパス</u>が一般公開されるようになった。これを活用して習得過程にある
E
学習者の言語の実態を把握し、指導につなげることが教師には期待される。

問1　文章中の下線部A「U字型のカーブ」に関する記述として最も適当なものを、次の
　　　1〜4の中から一つ選べ。

　　　1　U字型の下降から底の時期は、目標言語の規範に合った言語形式の産出が増える。

　　　2　U字型の下降から底の時期は、目標言語の構造などの分析が進んでいる。

　　　3　U字型の上昇の時期は、目標言語の規範から逸脱した言語形式の産出が増える。

　　　4　U字型の上昇の時期は、目標言語を丸暗記した定型表現が多く見られる。

問2　文章中の下線部B「自然習得順序仮説」に関する記述として最も適当なものを、
　　　次の1〜4の中から一つ選べ。

　　　1　母語にかかわらず、教えられた順序で文法項目が習得される。

　　　2　年齢にかかわらず、教えられた順序で文法項目が習得される。

　　　3　学習環境にかかわらず、決まった順序で文法項目が習得される。

　　　4　インプットの有無にかかわらず、決まった順序で文法項目が習得される。

問3 文章中の下線部C「日本語の発達段階に応じて産出される言語構造」に関して、「食べます」の例として最も適当なものを、次の1〜4の中から一つ選べ。

	第1段階 →	第2段階 →	第3段階 →	第4段階
1	食べます	食べました	食べれば	食べ<u>ています</u>
2	食べます	食べました	食べ<u>ています</u>	食べ<u>れば</u>
3	食べます	食べ<u>ています</u>	食べれば	食べ<u>ました</u>
4	食べます	食べ<u>ています</u>	食べ<u>ました</u>	食べ<u>れば</u>

問4 文章中の下線部D「言語転移」に関する記述として最も適当なものを、次の1〜4の中から一つ選べ。

1 母語だけでなく既習の外国語からも言語転移が起こる。
2 母語が同じ学習者には一律の言語転移が起こる。
3 目標言語との言語間の距離が近いと言語転移は起こらない。
4 文法訳読法中心の教え方では言語転移は起こらない。

問5 文章中の下線部E「学習者コーパス」で**調べられないもの**を、次の1〜4の中から一つ選べ。

1 非漢字圏学習者は、作文で「増加する」と「増える」のどちらを多く使っているか。
2 上級学習者は、一人称の「私」と「自分」をどのような意図で使い分けているか。
3 学習者の母語によって、「ようだ」「みたいだ」「らしい」の使用数に違いがあるか。
4 学習者のレベルによって、助詞の「は」と「が」の誤りに違いがあるか。

問題11 次の文章を読み、下の問い（問1〜5）に答えよ。

1960年代から、学習者が産出する誤用の分析が行われてきた。誤用分析が発展するにつれて、<u>過剰般化</u>などの誤用だけでなく、正用も含めた学習者の産出を分析する必要性が指摘されるようになった。

A

近年では、学習者に対するフィードバックの研究が行われている。<u>誘導</u>（elicitation）

B
は口頭フィードバックの一つである。フィードバックにはその場で口頭で行うものだけでなく、<u>作文添削など時間をおいて口頭以外で行われるフィードバック</u>も含まれる。

C

フィードバックを重視する考え方には<u>フォーカス・オン・フォーム</u>がある。<u>タスク中心</u>

D　　　　　　　　　　　　　　　　　　　　　　E
<u>の教授法</u>（Task-Based Language Teaching）はこの考え方を取り入れて開発されたものである。

教師は成功したフィードバックだけでなく、うまくいかなかったものについても振り返る必要がある。

問1 文章中の下線部A「過剰般化」の説明として最も適当なものを、次の1〜4の中から一つ選べ。

1 ある言語形式の規則を、その適用範囲を超えた箇所でも使用する現象

2 ある言語形式を学んだ直後に、その言語形式ばかりを使用する現象

3 特定の誤りが定着し、その誤った言語形式を産出し続ける現象

4 学習者の疲労や注意力の欠如によって、誤った言語形式を産出し続ける現象

問2 文章中の下線部B「誘導」の方法として最も適当なものを、次の1〜4の中から一つ選べ。

1 学習者が誤った箇所の手前までの発話部分を教師が繰り返す。

2 学習者が誤った箇所を教師が指摘したうえで正しい表現を提示する。

3 学習者が誤った表現を教師が上昇イントネーションで繰り返す。

4 学習者が誤った表現の発話意図を教師が確認して言い換える。

問3 文章中の下線部Cに関する記述として最も適当なものを、次の1～4の中から一つ選べ。

1 口頭フィードバックより、暗示的な修正に適している。

2 口頭フィードバックより、学習者に意図を確認しやすい。

3 口頭フィードバックより、学習者の短期記憶への負荷が小さい。

4 口頭フィードバックより、全体の構成に対する指導を行いにくい。

問4 文章中の下線部D「フォーカス・オン・フォーム」の方法として最も適当なものを、次の1～4の中から一つ選べ。

1 母語で学習者の理解を確認しつつ、言語形式の誤りは文法用語を用いて説明する。

2 自然な流れの中で学習者の注意を言語形式に向けつつ、コミュニケーションを行う。

3 学習者の注意を言語形式に集中させ、体系的に文法項目を整理して指導する。

4 学習者の注意を言語形式に向けるのではなく、言語の意味を重視して考えさせる。

問5 文章中の下線部E「タスク中心の教授法」で扱うタスクの特徴として最も適当なものを、次の1～4の中から一つ選べ。

1 文型の難易度順に項目を配列している。

2 新出文型の産出を目的としている。

3 学習者のニーズを反映させている。

4 学習者が終始単独で達成できる。

問題12　次の文章を読み、下の問い（問1〜5）に答えよ。

　会話に特徴的な形式や表現には、様々なものがある。例えば、フィラーや中途終了型発
　　　　　　　　　　　　　　　　　　　　　　　　　　　　A
話などが挙げられる。また、前置き表現や婉曲表現など、対人配慮を示す表現も見られる。

　これらの表現を含め、人々は場面や状況に応じて様々なポライトネス・ストラテジーを
　　　　　　　　　　　　　　　　　　　　　　　　　　　　　B
用い、他者への配慮を示している。一見他者への配慮とは無関係に思われる軽卑語や尊大
　　　　　　　　　　　　　　　　　　　　　　　　　　　　　　　　　　　　　　C
語なども、円滑な人間関係の構築に寄与することがある。

　日本語学習者も様々なコミュニケーション・ストラテジーを用いて意思疎通を図ってい
　　　　　　　　　　　　D
る。円滑な人間関係の構築に必要な語用論的知識の習得は、学習者の置かれた環境の影響
　　　　　　　　　　　　　　　　　E
も受けると考えられている。

問1　文章中の下線部A「フィラー」に関する記述として最も適当なものを、次の1〜4
の中から一つ選べ。

1　聞き手が話し手と発話を重ねることで、会話における熱心さを伝えたり、相手と
の連帯感を強めたりする。

2　聞き手が短い発話によって話を聞いているという態度を示すことで、会話の進行
を助ける。

3　話し手が短い言葉を発することで、次に続ける発話を少し待ってほしいというこ
とを聞き手に伝える。

4　話し手が会話の冒頭で定型化された言葉を儀礼的に用いることで、聞き手との良
好な関係を示す。

問2 文章中の下線部B「ポライトネス・ストラテジー」に関する記述として最も適当なものを、次の1～4の中から一つ選べ。

1　友人にお願いするときに、ネガティブ・ポライトネス・ストラテジーを用いて「ちょっとだけ手伝ってくれない？」と言う。

2　先輩に同意を求めるときに、ネガティブ・ポライトネス・ストラテジーを用いて「私ってコーヒーが好きじゃないですか。」と言う。

3　同僚の間違いを指摘するときに、ポジティブ・ポライトネス・ストラテジーを用いて「私が間違えているのかな？」と言う。

4　取引先に依頼するときに、ポジティブ・ポライトネス・ストラテジーを用いて「後日ご連絡を頂ければと思います。」と言う。

問3 文章中の下線部C「尊大語」の例として最も適当なものを、次の1～4の中から一つ選べ。

1　こっちを見やがって。

2　あいつ威張りくさってる。

3　この、悪がきめ。

4　俺様のお帰りだ。

問4 文章中の下線部D「コミュニケーション・ストラテジー」の例として**不適当なもの**を、次の1～4の中から一つ選べ。

1　相手の言っていることが聞き取れない場合に、もう一度言うように頼む。

2　相手の発話の理解が難しい場合に、文を単語に分割して意味を考える。

3　自分の表現に自信がない場合に、難しい言語形式を避けて簡単に伝える。

4　自分の発話が伝わったかどうか自信がない場合に、相手に確認する。

問5 文章中の下線部Eに関する記述として最も適当なものを、次の1～4の中から一つ選べ。

1 教室環境において、教師が自身の発話をコントロールし、語用論的知識について肯定証拠を明示することが、習得の妨げにつながる。

2 教室環境において、教師が学習者の発話を訂正せず、語用論的知識についての否定証拠を明示しないことが、習得の促進につながる。

3 自然習得環境において、母語話者は学習者に必要な語用論的知識について肯定証拠を提示しない傾向があり、それが習得の促進につながる。

4 自然習得環境において、母語話者は学習者に必要な語用論的知識について否定証拠を提示しない傾向があり、それが習得の妨げにつながる。

このページには問題が印刷されていません。

問題13は次のページにあります。

問題13 次の文章を読み、下の問い（問1～5）に答えよ。

日本には言語や文化を異にする人々が共存している。そのため各所で多言語使用が進行
している。それに伴い地域の言語景観も変化してきた。

観光政策では、訪日客のための取り組みが行われている。国土地理院は、平成27年
（2015年）に、英語を用いた場合の地名や施設名の表記方法を具体的に提案している。
公共表示の作成・設置では訪日客の利便性を考える必要がある。

しかし、言語的背景が異なる人々は、観光客やニューカマーのみではない。日本の多言
語事情を考える際は、オールドカマーや日本の少数民族、ろう者などの事情も見過ごして
はならない。

問1 文章中の下線部A「多言語使用」の説明として最も適当なものを、次の1～4の中
から一つ選べ。

1　ある言語文化の基準を用いて、他の言語文化を理解すること

2　ある目的のために、映像や音声等の多種多様な媒体を活用すること

3　国や地域または個人が、二つ以上の言語を用いること

4　言語文化的背景が異なる人々の間で、考えや情報をやり取りすること

問2 文章中の下線部B「言語景観」の例として最も適当なものを、次の1～4の中から
一つ選べ。

1　多様な言語に翻訳できる自動翻訳機

2　多様な言語で配信されるテレビ番組

3　多様な言語で書き込まれるSNS

4　多様な言語による商業広告の看板

問3　文章中の下線部Cの提案に則って、外国人に分かりやすく表記した例はどれか。最も適当なものを、次の1～4の中から一つ選べ。

1　「芦ノ湖」は、「湖」の英訳を先頭に加え「Lake Ashinoko」とする。

2　「東大寺」は、「寺」を英語に置き換え「Todai Temple」とする。

3　「日本橋」は、連濁を清音にして英訳を付け「Nihon-hashi Bridge」とする。

4　「東京都」は、「都」「道」「府」「県」の英訳を統一し「Tokyo Prefecture」とする。

問4　文章中の下線部Dに関して、政府や公共機関が推奨していることとして最も適当なものを、次の1～4の中から一つ選べ。

1　名称や案内の表示は、外国語のガイドブックも含めて地域単位で統一する。

2　道路標識の地名に用いられる漢字は、複雑なものは画数を減らし簡略化する。

3　ピクトグラムは、補助的な機能を果たすものであるため、文字情報を併記する。

4　地名のローマ字表記は、読み方の混乱を避けるために、訓令式を用いる。

問5　文章中の下線部E「オールドカマーや日本の少数民族、ろう者などの事情」に関する記述として最も適当なものを、次の1～4の中から一つ選べ。

1　アイヌ語は、保護の対象となっており、伝承する歌がアイヌ文字で保存されてきた。

2　日本の朝鮮学校の教育課程は初等から中等教育までであり、朝鮮語で授業が行われている。

3　手話には変種があり、現在、NHK手話ニュースでは日本語の語順に対応した手話が使用されている。

4　夜間中学では、在日コリアンや中国帰国者、難民など、日本語学習が必要な成人も学んできた。

問題14　次の文章を読み、下の問い（問1～5）に答えよ。

　明治時代以降、標準日本語の浸透が重要視されてきた。日本の統治下に置かれた地域でも標準日本語への言語移行が進んだが、一部の地域では、日本語が上層言語となる<u>ピジン</u>
_A
やクレオールが発生した。

　戦後、日本統治が終了した地域では、日本語への言語移行が止まり、<u>言語喪失</u>が進ん
_B
だ。また日本統治への反発から、<u>日本語からの借用語を排除する言語政策としての国語</u>
_C
<u>醇化運動</u>が起こった国・地域もあった。
_{じゅん}

　一方で、日本国内では戦後も標準日本語への言語移行が進み、言語の多様性が失われつつある。ユネスコによって<u>言語消滅</u>の危機にあるとされている言語も存在する。一例とし
_D
て、<u>琉球諸語（琉球方言）</u>も深刻な危機にさらされている。
_E

問1　文章中の下線部A「ピジン」に関する記述として最も適当なものを、次の1～4の中から一つ選べ。

　　1　語彙数が少ない言語であり、一つ一つの単語の意味範囲が狭い。

　　2　文法が存在しない言語であり、語彙のみで意思の疎通が行われる。

　　3　母語話者を持たない言語であり、その必要性がなくなれば消滅する。

　　4　母語を異にする人々の共通言語であり、広い話題で会話ができる。

問2　文章中の下線部B「言語喪失」に関して、移住した子どもの第一言語に関する記述として最も適当なものを、次の1～4の中から一つ選べ。

　　1　移住先での話者人口が少ない場合は、多い場合よりも喪失されにくい。

　　2　移住先での使用機会が少ない場合は、多い場合よりも喪失されにくい。

　　3　移住先での第二言語習得が進む場合は、進まない場合よりも喪失されにくい。

　　4　移住先での社会的地位が高い場合は、低い場合よりも喪失されにくい。

問3 文章中の下線部Cはどこか。最も適当なものを、次の1～4の中から一つ選べ。

　　1　韓国

　　2　旧満洲

　　3　台湾

　　4　パラオ

問4 文章中の下線部D「言語消滅」に関する記述として最も適当なものを、次の1～4の中から一つ選べ。

　　1　日本では琉球諸語、アイヌ語、八丈語が消滅の危機にあるとされる。

　　2　21世紀の間に、全世界の約8割の言語が消滅すると試算されている。

　　3　話者が10万人以上存在していれば、危機言語には指定されない。

　　4　話し言葉として使われなくなった言語が復活した事例はない。

問5 文章中の下線部Eに関する記述として最も適当なものを、次の1～4の中から一つ選べ。

　　1　2010年以降、琉球諸語の普及に向けた教育現場の取り組みは減少している。

　　2　家庭内だけでなく、宗教的儀式等においても琉球諸語の使用が減少している。

　　3　琉球諸語の使用者は70代以上に限られ、次世代への継承が行われていない。

　　4　20代以下は琉球諸語を話せないため、祖父母世代と意思疎通ができない。

問題15 次の文章を読み、下の問い（問1～5）に答えよ。

令和2年（2020年）に日本国内の外国人労働者数は172万人に達した。同年10月末現在の外国人労働者の在留資格を見ると、「身分に基づく在留資格」（31.7％）が最も多い。次いで「　（ア）　」（23.3％）となっている。以下、「資格外活動」（21.5％）、「専門的・技術的分野の在留資格」（20.8％）と続く。こうした外国人労働者の日本語能力の評価には、BJTビジネス日本語能力テストなどが活用されている。

（A：身分に基づく在留資格、B：資格外活動、C：BJTビジネス日本語能力テスト）

ビジネス日本語教育については、日本語を教えるだけでなく、人材育成の観点が必要であるとされており、プロジェクト学習（Project-Based Learning）を基にした活動を行うなど、教育方法にも工夫が求められる。

（D：プロジェクト学習）

問1 文章中の下線部A「身分に基づく在留資格」の例として最も適当なものを、次の1～4の中から一つ選べ。

1　日本研究者に与えられる在留資格「文化活動」

2　日系ペルー人3世に与えられる在留資格「定住者」

3　外国人の配偶者に与えられる在留資格「家族滞在」

4　外国政府の公務に従事する者に与えられる在留資格「外交」

問2 文章中の　（ア）　に入れるのに最も適当なものを、次の1～4の中から一つ選べ。

1　介護

2　特定活動

3　技能実習

4　経営・管理

問3 文章中の下線部B「資格外活動」に関して、留学生のアルバイトとして許可される例はどれか。最も適当なものを、次の1～4の中から一つ選べ。

1 学校の学期期間中に、ゲームセンターで1日8時間以内、週に20時間働く。

2 学校の学期期間中に、レストランで1日8時間以内、週に30時間働く。

3 学校の長期休業期間に、リゾートホテルで1日8時間以内、週に40時間働く。

4 学校の長期休業期間に、学習塾で1日8時間以内、週に50時間働く。

問4 文章中の下線部C「BJTビジネス日本語能力テスト」に関する記述として最も適当なものを、次の1～4の中から一つ選べ。

1 就労のために来日する外国人が遭遇する生活場面でのコミュニケーションに必要な日本語能力を測定するもので、「特定技能1号」の申請にも使用できる。

2 言語機能、タスク、場面、話題などの要素を総合的に判断し、五つのレベルで口頭言語運用能力を判定できる。

3 漢字、表記、敬語、言葉の意味、語彙、文法等が出題され、14段階の認定基準に基づき、日本語の総合的な能力を測ることができる。

4 日本語の基礎的な知識を前提としたうえで、与えられた情報を適切に処理し、対応することのできる能力を測ることができる。

問5 文章中の下線部D「プロジェクト学習」の目的として最も適当なものを、次の1～4の中から一つ選べ。

1 ある物事の原理や構造、使用方法など一通りの基本知識を身につけてから、それを実践に生かす方法を学ぶ。

2 教室の授業とe-learningを組み合わせ、学習者の習熟度や学習過程に合わせた個別学習を達成する。

3 内容、言語、思考、協学の4要素を統合し、学習者のコミュニケーションの育成や学習者の文化あるいは相互文化の意識を高める。

4 実世界に関する解決すべき問題について問いや仮説を検証し、思考力や協働学習の能力を身につける。

問題16　次の文章を読み、下の問い（問１～５）に答えよ。

近年、日本の学校では様々な背景を持つ児童生徒が増加している。こうした状況を踏まえ、文部科学省は「日本語指導が必要な児童生徒の受入状況等に関する調査」を実施している。令和３年度（2021年度）の調査によると、日本語指導が必要な児童生徒のうち外国籍は約48,000人、日本国籍は約　（ア）　である。
　　　　　　　　　　　　　　　　　　　　　　　　A

日本国憲法において、子どもに普通教育を受けさせる義務を負うのは「国民」と規定されているが、就学を希望した場合、外国籍の子どもであっても日本の普通教育を受けることができる。
　　B

文部科学省は、日本語指導が必要な児童生徒への対応としてJSLカリキュラムの開発を
　　　　　　　　　　　　　　　　　　　　　　　　　　　　　C
行ってきた。また、「特別の教育課程」による日本語指導の制度を整備するなど、多様な
　　　　　　　D
児童生徒に応じた支援を行っている。

問１　文章中の下線部Aに関して、令和３年度の調査における日本語指導が必要な外国籍
　　　児童生徒の母語に関する記述として最も適当なものを、次の１～４の中から一つ選べ。

　　　１　英語が最も多い。
　　　２　中国語が最も多い。
　　　３　ベトナム語が最も多い。
　　　４　ポルトガル語が最も多い。

問２　文章中の　（ア）　に入れるのに最も適当なものを、次の１～４の中から一つ選べ。
　　　１　1,000人
　　　２　5,000人
　　　３　10,000人
　　　４　30,000人

問3 文章中の下線部Bに関する記述として最も適当なものを、次の1～4の中から一つ選べ。

1 授業料の負担はあるが、日本人の子どもと同様に教育を受けることができる。

2 教科書代の負担はあるが、日本人の子どもと同様に教育を受けることができる。

3 授業料や教科書代等を負担すれば、日本人の子どもと同様に教育を受けることができる。

4 授業料や教科書代等の負担なく、日本人の子どもと同様に教育を受けることができる。

問4 文章中の下線部C「JSLカリキュラム」に関する記述として**不適当なもの**を、次の1～4の中から一つ選べ。

1 学習指導要領に基づいた学習内容を配列し直し、指導の順序を提示している。

2 日本語指導と教科指導を統合し、学習活動に参加する力の育成を目指している。

3 それぞれの子どもの実態を把握するための形成的評価の必要性を示している。

4 具体物や子どもの直接的体験に基づいて、学習内容の理解を図るようにしている。

問5 文章中の下線部D「「特別の教育課程」による日本語指導」に関する記述として最も適当なものを、次の1～4の中から一つ選べ。

1 在籍する学年は、当該児童生徒の年齢に合わせるように指定されている。

2 授業時間数は、当該児童生徒の実態に応じて設定することが認められている。

3 日本語指導担当教員は、教員免許を取得していることが推奨されている。

4 日本語指導は、当該児童生徒の在籍学校で行うように定められている。

問題17　あなたが勤務する日本語学校の会議で、「毎回のテストの結果に一喜一憂する学習者が多いようだ。テストや教員からの評価だけでなく、学習者自身による自己評価も教育活動に取り入れてはどうか。」という意見が出ました。議論の結果、学校として、学習者に自己評価を積極的に促していくことになりました。

　　あなたは、学習者に自らの学習の過程や結果を評価させることについて、どのように考えますか。意義と問題点を検討しつつ、あなたならどのような形で自己評価を促すかを400字程度で述べてください。その際、次のキーワードを複数取り上げ、各概念の意味が分かるようにしつつ論じてください。

＜キーワード＞

代替的評価、形成的評価、ルーブリック、内発的動機づけ、学習ストラテジー

このページには問題が印刷されていません。

このページには問題が印刷されていません。

このページには問題が印刷されていません。

令和4年度 日本語教育能力検定試験

試 験 Ⅰ 解 答 用 紙 第 1 面

氏 名 ［　　　　　　　　　　　　］

氏名を記入してください。

受験番号を下の「数字」欄に記入し、その下の「マーク」欄にも必ずマークしてください。

受験番号	万千位	千位	百位	十位	一位
数字					
マーク	⓪①②③④⑤⑥⑦⑧⑨	⓪①②③④⑤⑥⑦⑧⑨	⓪①②③④⑤⑥⑦⑧⑨	⓪①②③④⑤⑥⑦⑧⑨	⓪①②③④⑤⑥⑦⑧⑨

マーク例
良い例 ●
悪い例 ⊙ ⊗ ⊘ ⊖

解答欄 1

問題番号	解答欄
(1)	①②③④⑤
(2)	①②③④⑤
(3)	①②③④⑤
(4)	①②③④⑤
(5)	①②③④⑤
(6)	①②③④⑤
(7)	①②③④⑤
(8)	①②③④⑤
(9)	①②③④⑤
(10)	①②③④⑤
(11)	①②③④⑤
(12)	①②③④⑤
(13)	①②③④⑤
(14)	①②③④⑤
(15)	①②③④⑤

問題 1

問題番号	解答欄
(1)	①②③④
(2)	①②③④
(3)	①②③④
(4)	①②③④
(5)	①②③④

問題 2

問題番号	解答欄
(1)	①②③④
(2)	①②③④
(3)	①②③④
(4)	①②③④
(5)	①②③④
(6)	①②③④
(7)	①②③④
(8)	①②③④
(9)	①②③④
(10)	①②③④
(11)	①②③④
(12)	①②③④
(13)	①②③④
(14)	①②③④
(15)	①②③④
(16)	①②③④
(17)	①②③④
(18)	①②③④
(19)	①②③④
(20)	①②③④

問題 3（A・B・C・D）

問題番号	解答欄
問1	①②③④
問2	①②③④
問3	①②③④
問4	①②③④
問5	①②③④
問1	①②③④
問2	①②③④
問3	①②③④
問4	①②③④
問5	①②③④
問1	①②③④
問2	①②③④
問3	①②③④
問4	①②③④
問5	①②③④
問1	①②③④
問2	①②③④
問3	①②③④
問4	①②③④
問5	①②③④

問題 4・5・6・7

（裏面へつづく）

試 験 Ⅰ 解 答 用 紙 第 2 面

令和4年度日本語教育能力検定試験

問題番号		解答欄
	1	① ② ③ ④
問題 12	2	① ② ③ ④
	3	① ② ③ ④
	4	① ② ③ ④
	5	① ② ③ ④
	1	① ② ③ ④
問題 13	2	① ② ③ ④
	3	① ② ③ ④
	4	① ② ③ ④
	5	① ② ③ ④
	1	① ② ③ ④
問題 14	2	① ② ③ ④
	3	① ② ③ ④
	4	① ② ③ ④
	5	① ② ③ ④
	1	① ② ③ ④
問題 15	2	① ② ③ ④
	3	① ② ③ ④
	4	① ② ③ ④
	5	① ② ③ ④

問題番号		解答欄
	1	① ② ③ ④
問題 8	2	① ② ③ ④
	3	① ② ③ ④
	4	① ② ③ ④
	5	① ② ③ ④
	1	① ② ③ ④
問題 9	2	① ② ③ ④
	3	① ② ③ ④
	4	① ② ③ ④
	5	① ② ③ ④
	1	① ② ③ ④
問題 10	2	① ② ③ ④
	3	① ② ③ ④
	4	① ② ③ ④
	5	① ② ③ ④
	1	① ② ③ ④
問題 11	2	① ② ③ ④
	3	① ② ③ ④
	4	① ② ③ ④
	5	① ② ③ ④

令和４年度日本語教育能力検定試験

試　験　Ⅱ　解　答　用　紙

氏名

[注意事項]
1. 氏名、受験番号を記入してください。受験番号は「数字」欄に記入し、その下の「マーク」欄にも必ずマークしてください。
2. 必ず鉛筆またはシャープペンシル（HB）でマークしてください。
3. 訂正する場合はプラスチック消しゴムできれいに消し、消しくずを残さないでください。
4. 所定欄以外にはマークしたり記入したりしないでください。
5. 汚したり折り曲げたりしないでください。
6. 以上の１～５が守られていないと、採点できないことがあります。

氏名を記入してください。

受験番号を下の「数字」欄に記入し、その下の「マーク」欄にも必ずマークしてください。

受　験　番　号				
	万位	千位	百位	十位	一位

マーク例

良い例	悪い例
●	⊗ ⊘ ◉ ⊖

令和4年度日本語教育能力検定試験

試 験 Ⅲ 解 答 用 紙

氏 名 ［　　　　　　　　　　　］

氏名を記入してください。

受験番号を下の「数字」欄に記入し、その下の「マーク」欄にも必ずマークしてください。

受験番号	万千位	千位	百位	十位	一位
数字					
マーク	⓪①②③④⑤⑥⑦⑧⑨	⓪①②③④⑤⑥⑦⑧⑨	⓪①②③④⑤⑥⑦⑧⑨	⓪①②③④⑤⑥⑦⑧⑨	⓪①②③④⑤⑥⑦⑧⑨

マーク例
良い例	悪い例
●	⊙ ⊘ ⊗ ⊖

[注意事項]

1. 氏名、受験番号を記入（記述解答用紙にも）してください。受験番号は「数字」欄に記入し、その下の「マーク」欄にも必ずマークしてください。
2. 必ず鉛筆またはシャープペンシル（HB）でマークしてください。
3. 訂正する場合はプラスチック消しゴムできれいに消し、消しくずを残さないでください。
4. 所定欄以外にはマークしたり記入したりしないでください。
5. 汚したり折り曲げたりしないでください。
6. 以上の1～5が守られていないと、採点できないことがあります。

問 題 番 号		解 答 欄
問題1	問1	①②③④
	問2	①②③④
	問3	①②③④
	問4	①②③④
	問5	①②③④
問題2	問1	①②③④
	問2	①②③④
	問3	①②③④
	問4	①②③④
	問5	①②③④
問題3	問1	①②③④
	問2	①②③④
	問3	①②③④
	問4	①②③④
	問5	①②③④
問題4	問1	①②③④
	問2	①②③④
	問3	①②③④
	問4	①②③④
	問5	①②③④
問題5	問1	①②③④
	問2	①②③④
	問3	①②③④
	問4	①②③④
	問5	①②③④

問 題 番 号		解 答 欄
問題6	問1	①②③④
	問2	①②③④
	問3	①②③④
	問4	①②③④
	問5	①②③④
問題7	問1	①②③④
	問2	①②③④
	問3	①②③④
	問4	①②③④
	問5	①②③④
問題8	問1	①②③④
	問2	①②③④
	問3	①②③④
	問4	①②③④
	問5	①②③④
問題9	問1	①②③④
	問2	①②③④
	問3	①②③④
	問4	①②③④
	問5	①②③④
問題10	問1	①②③④
	問2	①②③④
	問3	①②③④
	問4	①②③④
	問5	①②③④

問 題 番 号		解 答 欄
問題11	問1	①②③④
	問2	①②③④
	問3	①②③④
	問4	①②③④
	問5	①②③④
問題12	問1	①②③④
	問2	①②③④
	問3	①②③④
	問4	①②③④
	問5	①②③④
問題13	問1	①②③④
	問2	①②③④
	問3	①②③④
	問4	①②③④
	問5	①②③④
問題14	問1	①②③④
	問2	①②③④
	問3	①②③④
	問4	①②③④
	問5	①②③④
問題15	問1	①②③④
	問2	①②③④
	問3	①②③④
	問4	①②③④
	問5	①②③④

問 題 番 号		解 答 欄
問題16	問1	①②③④
	問2	①②③④
	問3	①②③④
	問4	①②③④
	問5	①②③④
問題17	記述解答用紙に記入してください。	

氏 名

試験Ⅲ　問題17　記述解答用紙

受験番号

(100)

(200)

(300)

(400)

(420)

参 考 資 料

令和4年度日本語教育能力検定試験 実施要項

1．目　的

　日本語教員となるために学習している者、日本語教員として教育に携わっている者を対象として、日本語教育の実践につながる体系的な知識が基礎的な水準に達しているかどうか、状況に応じてそれらの知識を関連づけ多様な現場に対応する能力が基礎的な水準に達しているかどうかを検定することを目的とする。

2．実施者

　公益財団法人 日本国際教育支援協会が実施する。

3．後　援

　文化庁／公益社団法人日本語教育学会

　大学共同利用機関法人人間文化研究機構国立国語研究所／独立行政法人国際交流基金

　一般財団法人日本語教育振興協会／公益社団法人国際日本語普及協会

4．試験の方法、内容等

(1)　受験資格

　　特に制限しない。

(2)　試験の水準と内容

　　試験の水準：日本語教育に携わるにあたり必要とされる基礎的な知識・能力。

　　試験の内容：出題範囲は、別記のとおりとする。

(3)　試験の構成

科目	解答時間	配点	測定内容
試験Ⅰ	90分	100点	原則として、出題範囲の区分ごとの設問により、日本語教育の実践につながる基礎的な知識を測定する。
試験Ⅱ	30分	40点	試験Ⅰで求められる「基礎的な知識」および試験Ⅲで求められる「基礎的な問題解決能力」について、音声を媒体とした出題形式で測定する。
試験Ⅲ	120分	100点	原則として出題範囲の区分横断的な設問により、熟練した日本語教員の有する現場対応能力につながる基礎的な問題解決能力を測定する。

(4)　試　験　日：令和4年10月23日（日）

(5)　試験地区：北海道、東北、関東、中部、近畿、中国、九州

5．出願の手続き等

(1)　受験案内（出願書類付き）

　　出願手続き等の細目については、「令和4年度日本語教育能力検定試験　受験案内」による。

　　受験案内は願書受付期間中、全国の主要書店にて販売。

(2)　出願手続き

　① 願　　書：所定のもの

　② 受 験 料：14,500円（税込）

　③ 受付期間：令和4年7月4日（月）から8月1日（月）まで（当日消印有効）

　④ 出　　願：公益財団法人 日本国際教育支援協会に提出

6．受験票の送付

　願書を受理したものについて、令和4年9月22日（木）に発送。

7．結果の通知等

　合否の結果は、令和4年12月23日（金）に受験者全員に文書をもって通知するとともに、合格者には合格証書を交付する。

出 題 範 囲

別記

次の通りとする。ただし、全範囲にわたって出題されるとは限らない。

区分		主要項目	
社会・文化・地域	① 世界と日本	(1)	世界と日本の社会と文化
	② 異文化接触	(2)	日本の在留外国人施策
		(3)	多文化共生（地域社会における共生）
	③ 日本語教育の歴史と現状	(4)	日本語教育史
		(5)	言語政策
		(6)	日本語の試験
		(7)	世界と日本の日本語教育事情
言語と社会	④ 言語と社会の関係	(8)	社会言語学
		(9)	言語政策と「ことば」
	⑤ 言語使用と社会	(10)	コミュニケーションストラテジー
		(11)	待遇・敬意表現
		(12)	言語・非言語行動
	⑥ 異文化コミュニケーションと社会	(13)	多文化・多言語主義
言語と心理	⑦ 言語理解の過程	(14)	談話理解
		(15)	言語学習
	⑧ 言語習得・発達	(16)	習得過程（第一言語・第二言語）
		(17)	学習ストラテジー
	⑨ 異文化理解と心理	(18)	異文化受容・適応
		(19)	日本語の学習・教育の情意的側面
言語と教育	⑩ 言語教育法・実習	(20)	日本語教師の資質・能力
		(21)	日本語教育プログラムの理解と実践
		(22)	教室・言語環境の設定
		(23)	コースデザイン
		(24)	教授法
		(25)	教材分析・作成・開発
		(26)	評価法
		(27)	授業計画
		(28)	教育実習
		(29)	中間言語分析
		(30)	授業分析・自己点検能力
		(31)	目的・対象別日本語教育法
	⑪ 異文化間教育とコミュニケーション教育	(32)	異文化間教育
		(33)	異文化コミュニケーション
		(34)	コミュニケーション教育
	⑫ 言語教育と情報	(35)	日本語教育とICT
		(36)	著作権
言語	⑬ 言語の構造一般	(37)	一般言語学
		(38)	対照言語学
	⑭ 日本語の構造	(39)	日本語教育のための日本語分析
		(40)	日本語教育のための音韻・音声体系
		(41)	日本語教育のための文字と表記
		(42)	日本語教育のための形態・語彙体系
		(43)	日本語教育のための文法体系
		(44)	日本語教育のための意味体系
		(45)	日本語教育のための語用論的規範
	⑮ 言語研究		
	⑯ コミュニケーション能力	(46)	受容・理解能力
		(47)	言語運用能力
		(48)	社会文化能力
		(49)	対人関係能力
		(50)	異文化調整能力

— 125 —

各区分における測定内容

区分	求められる知識・能力
社会・文化・地域	日本や日本の地域社会が関係する国際社会の実情や、国際化に対する日本の国や地方自治体の政策、地域社会の人びとの意識等を考えるために、次のような視点と基礎的な知識を有し、それらと日本語教育の実践とを関連づける能力を有していること。 ・国際関係論・文化論・比較文化論的な視点とそれらに関する基礎的知識 ・政治的・経済的・社会的・地政学的な視点とそれらに関する基礎的知識 ・宗教的・民族的・歴史的な視点とそれらに関する基礎的知識
言語と社会	言語教育・言語習得および言語使用と社会との関係を考えるために、次のような視点と基礎的な知識を有し、それらと日本語教育の実践とを関連づける能力を有していること。 ・言語教育・言語習得について、広く国際社会の動向からみた国や地域間の関係から考える視点とそれらに関する基礎的知識 ・言語教育・言語習得について、それぞれの社会の政治的・経済的・文化的構造等との関係から考える視点とそれらに関する基礎的知識 ・個々人の言語使用を具体的な社会文化状況の中で考える視点とそれらに関する基礎的知識
言語と心理	言語の学習や教育の場面で起こる現象や問題の理解・解決のために、次のような視点と基礎的な知識を有し、それらと日本語教育の実践とを関連づける能力を有していること。 ・学習の過程やスタイルあるいは個人、集団、社会等、多様な視点から捉えた言語の習得と発達に関する基礎的知識 ・言語教育に必要な学習理論、言語理解、認知過程に関する心理学の基礎的知識 ・異文化理解、異文化接触、異文化コミュニケーションに関する基礎的知識
言語と教育	学習活動を支援するために、次のような視点と基礎的な知識を有し、それらと日本語教育の実践とを関連づける能力を有していること。 ・個々の学習者の特質に対するミクロな視点と、個々の学習を社会の中に位置付けるマクロな視点 ・学習活動を客観的に分析し、全体および問題の所在を把握するための基礎的知識 ・学習者のかかえる問題を解決するための教授・評価等に関する基礎的知識
言語	教育・学習の対象となる日本語および言語一般について次のような知識・能力を有し、それらと日本語教育の実践とを関連づける能力を有していること。 ・現代日本語の音声・音韻、語彙、文法、意味、運用等に関する基礎的知識とそれらを客観的に分析する能力 ・一般言語学、対照言語学など言語の構造に関する基礎的知識 ・指導を滞りなく進めるため、話し言葉・書き言葉両面において円滑なコミュニケーションを行うための知識・能力

令和４年度日本語教育能力検定試験 実施状況

　令和４年度日本語教育能力検定試験の（1）実施日、（2）応募者数・受験者数、（3）合格者数、（4）実施会場は以下のとおり。

(1) 実施日
　　令和４年 10 月 23 日（日）

(2) 応募者数・受験者数

実 施 地 区	応募者数（人）	受験者数（人）
北　海　道	２２４	１７６
東　　北	３２４	２７０
関　　東	４，２４９	３，４０９
中　　部	９３０	７５５
近　　畿	２，０４０	１，６５７
中　　国	３５４	２７９
九　　州	６６４	５３０
合　　計	８，７８５	７，０７６

　　注　「受験者数（人）」は科目受験者を含む。

(3) 合格者数
　　２，１８２ 人

(4) 実施会場
　　　　北海道地区：北海道文教大学
　　　　東北地区：仙台青葉学院短期大学　長町キャンパス
　　　　関東地区：東京大学　駒場Ⅰキャンパス、大正大学　巣鴨キャンパス、
　　　　　　　　　東京電子専門学校
　　　　中部地区：名古屋大学　東山キャンパス
　　　　近畿地区：神戸大学　六甲台地区　鶴甲第１キャンパス
　　　　中国地区：岡山理科大学　岡山キャンパス
　　　　九州地区：福岡女学院大学

令和4年度日本語教育能力検定試験　平均点等一覧

　試験Ⅰ及び試験Ⅱ（聴解）については、全問マークシート方式（以下「マーク式」という。）で、試験Ⅲについては、マーク式と一部記述式で実施した。

マーク式平均点等一覧

試　験　区　分	受験者数	平　均　点	標準偏差	最　高　点	最　低　点
マ ー ク 式 総 合 （220 点）	7,054	130.3 （59.2%）	25.1 （11.4%）	198	52
試　　験　　Ⅰ （100 点）	7,075	57.7 （57.7%）	11.9 （11.9%）	92	12
試　　験　　Ⅱ （40 点）	7,061	23.2 （57.9%）	5.6 （14.1%）	40	4
試験Ⅲマーク式 （80 点）	7,055	49.4 （61.7%）	9.9 （12.4%）	75	17

記述式を含む平均点等一覧

試　験　区　分	受験者数	平　均　点	標準偏差	最　高　点	最　低　点
総　　　　　　合 （240 点）	4,279	158.0 （65.8%）	16.1 （6.7%）	211	126
試　　験　　Ⅲ （100 点）	4,279	66.7 （66.7%）	7.8 （7.8%）	92	44
試験Ⅲ記述式 （20 点）	4,279	11.3 （56.3%）	3.3 （16.3%）	19	0

注　1　マーク式総合の受験者数は、全科目受験者の数。
　　2　記述式を含む平均点等一覧は、マーク式による問題の総得点が上位である60%の人数の者についてのものである。
　　3　平均点と標準偏差の（　）内の数字は配点に対する百分率。

日本語教育能力検定試験 応募者数等の推移

実施回数	実施年度	応募者数（人）	受験者数（人）	合格者数（人）	実施地区
第 1 回	昭和 62 年度	5,837	4,758	935	1
第 2 回	昭和 63 年度	5,794	4,597	827	2
第 3 回	平成 元 年度	6,783	5,405	999	2
第 4 回	平成 2 年度	6,367	5,143	908	3
第 5 回	平成 3 年度	7,815	6,224	1,153	3
第 6 回	平成 4 年度	8,723	6,846	1,272	3
第 7 回	平成 5 年度	8,673	6,792	1,224	3
第 8 回	平成 6 年度	8,282	6,153	1,125	3
第 9 回	平成 7 年度	7,614	5,911	1,107	3
第 10 回	平成 8 年度	7,755	5,986	1,088	4
第 11 回	平成 9 年度	7,624	5,824	1,077	4
第 12 回	平成 10 年度	6,906	5,272	1,008	4
第 13 回	平成 11 年度	7,526	5,729	1,091	4
第 14 回	平成 12 年度	7,809	5,858	1,077	4
第 15 回	平成 13 年度	7,319	5,549	1,008	4
第 16 回	平成 14 年度	7,989	6,154	1,171	4
第 17 回	平成 15 年度	8,103	6,426	1,235	4
第 18 回	平成 16 年度	8,401	6,715	1,220	5
第 19 回	平成 17 年度	7,231	5,958	1,155	5
第 20 回	平成 18 年度	6,374	5,317	1,126	6
第 21 回	平成 19 年度	5,837	4,793	981	6
第 22 回	平成 20 年度	5,773	4,767	1,020	6
第 23 回	平成 21 年度	6,277	5,203	1,215	6
第 24 回	平成 22 年度	6,823	5,616	1,197	7
第 25 回	平成 23 年度	7,034	5,769	1,527	7
第 26 回	平成 24 年度	5,877	4,829	1,109	7
第 27 回	平成 25 年度	5,439	4,402	1,001	7
第 28 回	平成 26 年度	5,436	4,389	1,027	7
第 29 回	平成 27 年度	5,920	4,754	1,086	7
第 30 回	平成 28 年度	6,167	4,934	1,231	7
第 31 回	平成 29 年度	7,331	5,767	1,463	7
第 32 回	平成 30 年度	8,586	6,841	1,937	7
第 33 回	令和 元 年度	11,699	9,426	2,659	7
第 34 回	令和 2 年度	11,316	9,084	2,613	7
第 35 回	令和 3 年度	10,216	8,301	2,465	7
第 36 回	令和 4 年度	8,785	7,076	2,182	7

注 「受験者数（人）」は科目受験者を含む。

令和5年度日本語教育能力検定試験 実施要項

1．目　的

　日本語教員となるために学習している者、日本語教員として教育に携わっている者を対象として、日本語教育の実践につながる体系的な知識が基礎的な水準に達しているかどうか、状況に応じてそれらの知識を関連づけ多様な現場に対応する能力が基礎的な水準に達しているかどうかを検定することを目的とする。

2．実施者

　公益財団法人 日本国際教育支援協会が実施する。

3．後　援

　未定

4．試験の方法、内容等

（1）受験資格

　　特に制限しない。

（2）試験の水準と内容

　　試験の水準：日本語教育に携わるにあたり必要とされる基礎的な知識・能力。

　　試験の内容：出題範囲は、別記のとおりとする。

（3）試験の構成

科目	解答時間	配点	測定内容
試験Ⅰ	90分	100点	原則として、出題範囲の区分ごとの設問により、日本語教育の実践につながる基礎的な知識を測定する。
試験Ⅱ	30分	40点	試験Ⅰで求められる「基礎的な知識」および試験Ⅲで求められる「基礎的な問題解決能力」について、音声を媒体とした出題形式で測定する。
試験Ⅲ	120分	100点	原則として出題範囲の区分横断的な設問により、熟練した日本語教員の有する現場対応能力につながる基礎的な問題解決能力を測定する。

（4）試　験　日：令和5年10月22日（日）

（5）試験地区（予定）：北海道、東北、関東、中部、近畿、中国、九州

5．出願の手続き等

　　①出願方法：オンライン出願

　　詳細は日本語教育能力検定試験のサイト（http://www.jees.or.jp/jltct/index.htm）にてお知らせする。

　　②受　験　料：17,000円（税込）

　　③受付期間：令和5年7月3日（月）から7月31日（月）まで。（予定）

6．受験票の送付

　　受理したものについて、令和5年9月22日（金）に発送。（予定）

7．結果の通知等

　　合否の結果は、令和5年12月22日（金）（予定）に受験者全員に文書をもって通知するとともに、合格者には合格証書を交付する。

出 題 範 囲

別記

次の通りとする。ただし、全範囲にわたって出題されるとは限らない。

区分		主要項目	
社会・文化・地域	① 世界と日本	(1)	世界と日本の社会と文化
	② 異文化接触	(2)	日本の在留外国人施策
		(3)	多文化共生（地域社会における共生）
	③ 日本語教育の歴史と現状	(4)	日本語教育史
		(5)	言語政策
		(6)	日本語の試験
		(7)	世界と日本の日本語教育事情
言語と社会	④ 言語と社会の関係	(8)	社会言語学
		(9)	言語政策と「ことば」
	⑤ 言語使用と社会	(10)	コミュニケーションストラテジー
		(11)	待遇・敬意表現
		(12)	言語・非言語行動
	⑥ 異文化コミュニケーションと社会	(13)	多文化・多言語主義
言語と心理	⑦ 言語理解の過程	(14)	談話理解
		(15)	言語学習
	⑧ 言語習得・発達	(16)	習得過程（第一言語・第二言語）
		(17)	学習ストラテジー
	⑨ 異文化理解と心理	(18)	異文化受容・適応
		(19)	日本語の学習・教育の情意的側面
言語と教育	⑩ 言語教育法・実習	(20)	日本語教師の資質・能力
		(21)	日本語教育プログラムの理解と実践
		(22)	教室・言語環境の設定
		(23)	コースデザイン
		(24)	教授法
		(25)	教材分析・作成・開発
		(26)	評価法
		(27)	授業計画
		(28)	教育実習
		(29)	中間言語分析
		(30)	授業分析・自己点検能力
		(31)	目的・対象別日本語教育法
	⑪ 異文化間教育とコミュニケーション教育	(32)	異文化間教育
		(33)	異文化コミュニケーション
		(34)	コミュニケーション教育
	⑫ 言語教育と情報	(35)	日本語教育とICT
		(36)	著作権
言語	⑬ 言語の構造一般	(37)	一般言語学
		(38)	対照言語学
	⑭ 日本語の構造	(39)	日本語教育のための日本語分析
		(40)	日本語教育のための音韻・音声体系
		(41)	日本語教育のための文字と表記
		(42)	日本語教育のための形態・語彙体系
		(43)	日本語教育のための文法体系
		(44)	日本語教育のための意味体系
		(45)	日本語教育のための語用論的規範
	⑮ 言語研究		
	⑯ コミュニケーション能力	(46)	受容・理解能力
		(47)	言語運用能力
		(48)	社会文化能力
		(49)	対人関係能力
		(50)	異文化調整能力

－ 131 －

各区分における測定内容

区分	求められる知識・能力
社会・文化・地域	日本や日本の地域社会が関係する国際社会の実情や、国際化に対する日本の国や地方自治体の政策、地域社会の人びとの意識等を考えるために、次のような視点と基礎的な知識を有し、それらと日本語教育の実践とを関連づける能力を有していること。 ・国際関係論・文化論・比較文化論的な視点とそれらに関する基礎的知識 ・政治的・経済的・社会的・地政学的な視点とそれらに関する基礎的知識 ・宗教的・民族的・歴史的な視点とそれらに関する基礎的知識
言語と社会	言語教育・言語習得および言語使用と社会との関係を考えるために、次のような視点と基礎的な知識を有し、それらと日本語教育の実践とを関連づける能力を有していること。 ・言語教育・言語習得について、広く国際社会の動向からみた国や地域間の関係から考える視点とそれらに関する基礎的知識 ・言語教育・言語習得について、それぞれの社会の政治的・経済的・文化的構造等との関係から考える視点とそれらに関する基礎的知識 ・個々人の言語使用を具体的な社会文化状況の中で考える視点とそれらに関する基礎的知識
言語と心理	言語の学習や教育の場面で起こる現象や問題の理解・解決のために、次のような視点と基礎的な知識を有し、それらと日本語教育の実践とを関連づける能力を有していること。 ・学習の過程やスタイルあるいは個人、集団、社会等、多様な視点から捉えた言語の習得と発達に関する基礎的知識 ・言語教育に必要な学習理論、言語理解、認知過程に関する心理学の基礎的知識 ・異文化理解、異文化接触、異文化コミュニケーションに関する基礎的知識
言語と教育	学習活動を支援するために、次のような視点と基礎的な知識を有し、それらと日本語教育の実践とを関連づける能力を有していること。 ・個々の学習者の特質に対するミクロな視点と、個々の学習を社会の中に位置付けるマクロな視点 ・学習活動を客観的に分析し、全体および問題の所在を把握するための基礎的知識 ・学習者のかかえる問題を解決するための教授・評価等に関する基礎的知識
言語	教育・学習の対象となる日本語および言語一般について次のような知識・能力を有し、それらと日本語教育の実践とを関連づける能力を有していること。 ・現代日本語の音声・音韻、語彙、文法、意味、運用等に関する基礎的知識とそれらを客観的に分析する能力 ・一般言語学、対照言語学など言語の構造に関する基礎的知識 ・指導を滞りなく進めるため、話し言葉・書き言葉両面において円滑なコミュニケーションを行うための知識・能力

正　解

令和4年度日本語教育能力検定試験　正解

＜試験Ⅰ＞

問題1

(1)	(2)	(3)	(4)	(5)	(6)	(7)	(8)	(9)	(10)	(11)	(12)	(13)
1	4	5	3	2	4	1	5	3	2	1	5	4

(14)	(15)
1	4

問題2

(1)	(2)	(3)	(4)	(5)
2	3	4	2	1

問題3－A（1～5）

(1)	(2)	(3)	(4)	(5)
3	3	1	3	4

問題3－B（6～10）

(6)	(7)	(8)	(9)	(10)
1	1	2	3	2

問題3－C（11～15）

(11)	(12)	(13)	(14)	(15)
1	3	4	3	2

問題3－D（16～20）

(16)	(17)	(18)	(19)	(20)
1	3	2	1	4

問題4

問1	問2	問3	問4	問5
2	4	1	3	4

問題5

問1	問2	問3	問4	問5
4	4	3	1	3

問題6

問1	問2	問3	問4	問5
3	2	3	4	4

問題7

問1	問2	問3	問4	問5
4	2	4	3	1

問題 8

問 1	問 2	問 3	問 4	問 5
3	1	1	2	4

問題 9

問 1	問 2	問 3	問 4	問 5
4	1	2	3	2

問題 10

問 1	問 2	問 3	問 4	問 5
2	3	1	1	3

問題 11

問 1	問 2	問 3	問 4	問 5
4	2	1	2	3

問題 12

問 1	問 2	問 3	問 4	問 5
3	2	2	1	4

問題 13

問 1	問 2	問 3	問 4	問 5
1	3	2	2	4

問題 14

問 1	問 2	問 3	問 4	問 5
1	2	4	4	2

問題 15

問 1	問 2	問 3	問 4	問 5
1	4	2	3	3

＜試験 II ＞

問題 1

例	1 番	2 番	3 番	4 番	5 番	6 番
b	b	d	d	c	c	a

問題 2

例	1 番	2 番	3 番	4 番	5 番	6 番
a	a	c	b	c	b	d

問題3

例	1番	2番	3番	4番	5番	6番	7番	8番
a	a	c	b	c	a	d	a	c

問題4

1番		2番		3番	
問1	問2	問1	問2	問1	問2
b	a	c	b	b	d

問題5

1番		2番		3番	
問1	問2	問1	問2	問1	問2
d	a	c	c	d	b

問題6

例	1番	2番	3番	4番	5番	6番	7番	8番
b	a	d	a	b	d	d	b	a

＜試験Ⅲ＞

問題1

問1	問2	問3	問4	問5
1	3	4	2	3

問題2

問1	問2	問3	問4	問5
4	2	3	1	4

問題3

問1	問2	問3	問4	問5
3	1	4	3	1

問題4

問1	問2	問3	問4	問5
2	2	2	4	3

問題5

問1	問2	問3	問4	問5
1	3	1	4	2

問題 6

問 1	問 2	問 3	問 4	問 5
2	1	4	4	3

問題 7

問 1	問 2	問 3	問 4	問 5
4	2	1	2	1

問題 8

問 1	問 2	問 3	問 4	問 5
4	3	3	1	2

問題 9

問 1	問 2	問 3	問 4	問 5
2	1	2	3	4

問題 10

問 1	問 2	問 3	問 4	問 5
2	3	2	1	2

問題 11

問 1	問 2	問 3	問 4	問 5
1	1	3	2	3

問題 12

問 1	問 2	問 3	問 4	問 5
3	1	4	2	4

問題 13

問 1	問 2	問 3	問 4	問 5
3	4	1	1	4

問題 14

問 1	問 2	問 3	問 4	問 5
3	4	1	1	2

問題 15

問 1	問 2	問 3	問 4	問 5
2	3	3	4	4

問題 16

問 1	問 2	問 3	問 4	問 5
4	3	4	1	2

問題17　記述式問題解答例

　従来のテスト等に基づく学習評価では、学習者は「評価してもらう」という発想から抜け出すことができない。評価にも「自らの学習プロセスのモニターおよびその調整を促す」という要素を取り入れることで、学習ストラテジーを能動的に改善していくことが見込まれる。そこで、各学期で達成したい目標およびその達成の方法を学習者自身に設定してもらったうえで、学習成果を自己評価させるというやり方を提案したい。

　しかしこのやり方だと、目標達成についての評価が恣意的に行われたり、そもそも目標設定の妥当性に問題があったりする可能性がある。そこで私は、目標達成の程度を評価するためのルーブリックも学習者自身に作らせることとしたい。

　ルーブリックでは、どのような条件が満たされればどの水準に当たるかを記述することになる。こうした記述をさせることは、目標の実現可能性や具体性等について、本人に再考を促すという点で極めて効果的であろう。

【試験Ⅱ　ＣＤトラック番号早見表】

内　　　　容		トラック番号
問 題 開 始 前 部 分		1
問題 1	説明	2
	例	3
	1番	4
	2番	5
	3番	6
	4番	7
	5番	8
	6番	9
問題 2	説明	10
	例	11
	1番	12
	2番	13
	3番	14
	4番	15
	5番	16
	6番	17

内　　　　容		トラック番号
問題 3	説明	18
	例	19
	1番	20
	2番	21
	3番	22
	4番	23
	5番	24
	6番	25
	7番	26
	8番	27
問題 4	説明	28
	1番	29
	2番	30
	3番	31
問題 5	説明	32
	1番	33
	2番	34
	3番	35
問題 6	説明	36
	例	37
	1番	38
	2番	39
	3番	40
	4番	41
	5番	42
	6番	43
	7番	44
	8番	45
終了部分		46

令和4年度　日本語教育能力検定試験
試験問題　試験Ⅱ（聴解）CD 付

発行日 ……… 2023 年 4 月 25 日　初版第 1 刷

編著者 ……… 公益財団法人 日本国際教育支援協会
　　　　　　　〒153 - 8503 東京都目黒区駒場 4 - 5 - 29
　　　　　　　電話 03 - 5454 - 5215

発行所 ……… 株式会社 凡 人 社
　　　　　　　〒102 - 0093 東京都千代田区平河町 1 - 3 - 13
　　　　　　　電話 03 - 3263 - 3959

ISBN978-4-86746-012-2